거룩한 직무
# 영성 나래

거룩한 직무 **영성 나래**

| | |
|---|---|
| 발행 | 2024년 5월 9일 |
| 지은이 | 이희재 |
| 발행인 | 윤상문 |
| 편집인 | 이은혜, 이대순 |
| 디자인 | 박진경, 표소영 |
| 발행처 | 킹덤북스 |
| 등록 | 제2009-29호(2009년 10월 19일) |
| 주소 | 경기도 용인시 기흥구 동백동 622-2 |
| 문의 | 전화 031-275-0196 팩스 031-275-0296 |

ISBN 979-11-5886-308-1  03230

Copyright ⓒ 2024 이희재
이 책은 저작권법에 따라 보호받는 저작물이므로 무단전재와 복제를 금지하며, 이 책의 내용의 전부 또는 일부를 이용하려면 반드시 저작권자와 킹덤북스의 서면 동의를 받아야 합니다.

※ 잘못된 책은 구입한 곳에서 교환하여 드립니다.
※ 책 가격은 표지 뒷면에 있습니다.

킹덤북스(Kingdom Books)는 문서사역을 통해 하나님의 나라를 확장하고, 한국 교회와 세계 교회를 섬기고자 설립된 출판사입니다.

거룩한 직무

# 영성나래

The Wings of Spirituality

이희재 지음

킹덤북스
Kingdom Books

| 목차 |

Prologue  주께서 광활한 땅으로 이끄시다! 주께서 대사를 행하시다  6

### 추천사
권득칠 교수 _ 루터대학교 총장(7, 8대), 천안루터교회 담임목사 역임  15
김광수 박사 _ 하버드대학교 의대(세계 줄기세포 분야의 대표적인 과학자)  16
최동환 대사 _ 사단법인 아프리카인사이트 이사장(전 주세네갈대사,
　　　　　　　주몬트리올총영사 겸 ICAO 대사)  19
박태겸 목사 _ 캐나다 동신교회 담임목사, KPCA(해외한인장로회) 부총회장  22

## Part 1  러시아로 부르심과 영성 시대

### 1장 예수 생명과 예수 사랑을 만남  26
1. 사랑과 야망을 위하여  26
2. 운명적인 만남과 회심  31
3. 영성에 눈을 뜨며 자라가며  35

### 2장 러시아로 강권하시다  41
1. 싱가폴 ACTI  42
2. 시카고냐 블라디보스톡이냐  46
3. 중국이냐 러시아냐  49

## Part 2  러시아 선교 단상

### 3장 갈망이냐 영광이냐  52
1. 주의 기름 부은 자의 대가와 특권  54
2. 성령의 기쁨과 영적 분별력  58
3. 나는 내 영광을 다른 이에게 주지 아니한다(사 42:8)  66

### 4장 날마다 우리의 짐을 지시는 그리스도  75

1. 성령의 탄식 기도 ......................................... 76
2. 하나님께 토스하라 ......................................... 85
3. 홀로 인생의 마음을 아시는 주님 ......................................... 88

5장  하나님의 부르심과 은사     97
1. 너도 별수 없네 ......................................... 97
2. 사랑의 빚진 자 ......................................... 102
3. 몸도 하나요 성령도 하나이니 ......................................... 110

# Part 3    러시아 선교와 영성 미션

6장  영성 선교     118
1. 영성 리더십과 선교 ......................................... 118
2. 말씀과 성령과 치유 사역 ......................................... 123
3. 선교 영성과 선교 연합 ......................................... 131

7장  러시아 선교와 민족 화해     140
1. 북방 선교 전략 ......................................... 140
2. 화해의 주와 민족 화해 ......................................... 147
3. 회복과 새 창조 ......................................... 154

8장  일상의 영성     165
1. 살아계신 하나님의 절대 주권을 몸으로 배우다 ......................................... 167
2. 예수 생명 예수 사랑이 삶과 선교의 핵심이다 ......................................... 178
3. 하나님의 카이로스를 기대하며 오늘을 살라 ......................................... 184
4. 통째로 감사하라 ......................................... 194

Epilogue    은퇴 대신 주님께서 날개를 달아 주시다!     200

**부록**
1. 장남 이종은 교수의 특별 기고문 ......................................... 210
2. 상트페테르부르크에서 '영성 미션' ......................................... 213

**활동 사진**     219

## Prologue

## 주께서 광활한 땅으로 이끄시다!
## 주께서 대사를 행하시다

"하늘에서는 주 외에 누가 내게 있으리요 땅에서는 주 밖에 내가 사모할 이 없나이다"(시 73:25).

우리 마음속 깊은 대화를 나눌 사람을 찾기는 쉽지 않다. 그러기에 우리 영혼의 모든 것을 아시고 지으신 하나님과의 대화는 너무나 소중하다. 그는 우리의 마음을 잘 아시고 우리를 위로하시며 인도하신다. 하나님의 절대 주권 속에 우리의 삶이 있다. 예수 생명, 예수 사랑이 우리 삶의 핵심이요 선교의 본질이다. 나의 사역은 앞으로도 말씀과 성령 사역이요, 부수적으로 치유 사역에 초점을 맞추리라.

우리 삶의 균형된 시각을 늘 견지하여야 한다. 우리의 신앙은 하늘을 향하지만 현장을 잃지 아니하고, 주님과 가까워지지만 이 땅의 흐름도 볼 줄 알아야 한다. 좌로도 우로도 치우치지 아니하는 말씀, 허공에만 치우친 이론이 아니라 삶에 뿌리를 둔 말씀, 한편으로 다른 사람에게 전할 뿐만 아니라 나 자신이 누려야 할 복음의 말씀이다. 많은 이들이 사명감으로 산다고 하지만 자신의 삶은 피폐하다. 물론 그것을 또 희생이라고 생각할 수도 있지만, 주님이 함께하실 때에 그 누구도 이해할 수 없는 주님의 기쁨과 위로가 있을 것이다.

그동안 주님이 하신 일들과 이미 다른 주의 종들을 통해서 하신 일들, 앞으로 할 일들을 바라보면 무궁무진한데, 우리에게 주시는 깨달음도 나눌 수 있는 타이밍의 은혜가 함께 하여야 한다. 위대한 신앙의 책이나 깨달음의 내용들을 보면 관점과 표현이 다를 뿐이지 결국은 한 가지다. 때로는 두서너 가지라고 표현할 수도 있다. 그것이 바로 복음이요, 십자가와 부활이다. 하나님의 얼굴을 보아라, 성령을 좇으라, 성령의 인도함을 받으라, 성령의 충만함을 구하라, 예수를 바라보라, 먼저 그의 나라와 그의 의를 구하라, 하나님의 영광을 구하라, 위의 것을 찾으라, 위의 것을 생각하라 등등. 바로 이것이 예수 생명이요 예수 사랑이요 영성의 핵심이다. 믿음·소망·사랑이요, 그리스도 안에 생명의 성령의 법이다.

날마다 우리의 짐을 지시는 주님이시다. 육신의 생각은 사망이요 영의 생각은 생명과 평안이다. 그러므로 영의 생각을 하라. 선으로 악을 이기라. 이것이 영적 전쟁이요 견고한 진을 파하는 강력이다. 주님께서 마르다에게 한 가지만으로도 족하다 하시고, 또 베드로에게는 네 그물을 오른편에 던지라 하셨다. 만약에 한 가지만을 구한다면(이것은 계속 반복되는 것이다) 계속 붙잡힌 바 된 그것을 잡으려고 쫓아간다.

성경은 성경으로 통하게 된다. 한마디로 방향이요 하나님을 계속 알아가는 것이다. 주님을 누리는 것이다. 그 주님을 선포하는 것이요 전하는 것이다. 또 주님을 나누는 것이다. 그러면서도 주의 몸을 세워 가는 하나님의 경륜 속에 있게 된다. 하나님의 비밀인 그리스도, 그 안에 모든 것이 있다. 주께서 모든 걸 예비하셨고 그리스도께서 승리를 주신다. 가치관이 달라지는 것이다. 창조와 구속의 하나님은 얼마나 위대하고 크고 광대한가. 주의 다스림을 깨달을수록 겸손할 수밖에 없다.

파편같이 흩어진 우리의 이야기들이 그리스도 안에 있으면 주의 때에 성령으로 완성될 것이다. "너희 안에서 착한 일을 시작하시니까 그리스도의 예수의 날까지 이루실 줄을 우리는 확신하노라"(빌 1:6) 했다. 우리 안에서 이미 그리스도가 일을 시작했다. 청년 시절에 만난 우리 새하늘선교회도 거의 40주년이 되어간다. 주의 때가 되어서 의의 열매가 가득하여 하나님의 영광과 찬송이 되기를 기원한다. "우리가 시작할 때 확신한 것을 끝까지 견고히 잡고 있으면 그리스도와 함께 참여한 자가 되리라"(히 3:14). 주께서 만나게 해 주시고 기도하고 사랑을 나눈 믿음의 형제들이 그리스도의 고난을 거쳐서 주의 인물들이 됐다. 이제 성령으로 하나하나 조각들이 엮여 하나님 나라의 큰 그림이 펼쳐지기를 원한다.

먼저 부족하지만 필자의 이야기를 시작하여 하나님의 위대한 긍휼의 손길이 드러나기를 원한다. 러시아 선교사로 거의 30년이 되었지만, 그 이전에 새하늘선교회 식구들과 또 싱가포르에서의 짧은 선교 훈련과 시카고 맥코믹 신학교에서의 경험들이 있었다. 러시아 안에서도 한국과는 너무나 멀리 떨어져 있는 상트페테르부르크(구 레닌그라드), 그곳에서 시작한 디베랴교회와 미르선교회와 미르신학교, 그리고 나중에 미르수양관, 고려교회와 미르선교회 내 여러 교회, 나아가서 구소련(CIS) 한인 선교사들의 모임 이야기들이다.

나의 모교회인 영락교회도 알고 보면 한경직 목사와 북한에서 피난 온 몇몇 분들의 시작으로 지금까지 전 세계를 향하여 놀라운 복음 전파의 사명을 감당하고 있다. 5천만 민족을 그리스도에게로 인도하고자 하는 꿈을 가졌던 한경직 목사, 평안남도 안주 출신인 나의 장인어른 김홍준 목사로부터 태어난 둘째 딸 김성은(아내), 나도 황해도 평산, 사리원에서 자라난 아버지(반공포로 출신)와 서울 태생의 어머니 사이에서 태어났다. 결국 남북통일의 소원이 이미 출생부터 있다. 남북한의 아픔의 원인이 된 소련의 공산주의, 그 혁명이 일어났던 상트페테르부르크에서 복음으로 그 땅을 섬기고 있다. 수많은 선교사들과 주의 종들이 연합하여 현재까지 고난 가운데 조그만 역할을 감당하고 있다. 지나고 보니 안일하지 않도록 때마다 여러 가지 어려운 여건과 환경으로 주께서 인도하신다.

팬데믹으로 거의 2년 반, 그리고 전쟁도 2년을 넘겼다. 어느 날 선교 대회를 마치고 돌아오는데, 중국 상하이를 거쳐서 우리 지역으로 직행하게 되어 있었다. 그런데 상하이에서 비행기를 놓치면서 예기치 않게 중국인들의 아픔을 보게 됐다. 오래전에 중국 선교를 원했으나 러시아로 향한 발걸음들을 생각해보니 하나님의 주권 속에 모든 것이 일어나는구나. 그러나 우리의 믿음의 기도는 너무나 중요하고 하나님의 때에 하나님의 뜻대로 이루어진다.

탈북한 형제자매들로 남한에서 교수가 된 분들의 이야기를 듣고 그들의 책을 읽어 보았다. 그들의 삶 속에서 나오는 믿음과 통일관은 소위 대다수의 경제적인 가치관 중심과는 확실히 달랐다. 어떻게 러시아 광대한 땅 그리고 중앙아시아를 포함한 구소련 땅에서 일어난 주님의 역사들, 그 긍휼과 인자하심을 쉽게 나눌 수 있을까? 하나님은 살아계신다. 예수 생명과 예수 사랑은 모든 이들에게 가장 근원적이고 핵심적이고 선교에서도 중심이 되어야 된다. 우리의 믿음도 균형된 시각이 필요하다. 그럼에도 우리는 부분적이요 하나님은 우리 부분들을 사용한다. 무엇보다 성령의 탄식 기도가 일어날 때는 하나님의 뜻 안에서 주의 때에 이루어진다. 주님은 우리에게 자유를 주시기를 원한다. 영성과 미디어 선교 시대이다. 사랑의 복음의 빚진 자로서 하루하루 오늘을 하나님의 시간(카이로스)을 기대하며 살아가고자 한다.

리처드 포스터는 『영성 고전』에서 '프랑수아 페넬롱'이라는 믿음의 거장이 이야기한다. "하나님의 길을 날아가는 날개가 무엇인가? 우리 마음속에 있는 사랑의 깊이를 바꾸기만 하면 된다. 그것은 우리가 하던 일을 늘 거의 똑같이 하는 것이다. 사랑의 영이 함께 하면 모든 것을 쉽게 하게 된다." 그는 '더 이상 나뉠 수 없는 의지'에 대하여 잘 묘사하고 있다. 의를 행하는 능력이 커가는 기쁨, 평안한 양심의 기쁨, 우리의 마음속에서 빛이 확대되는 기쁨. 참된 영성은 인내와 오래 참음과 겸손에 있다. 가만히 귀를 기울이면 주님이 먼저 우리를 사랑한다. 키르케고르의 기도이다. "우리가 어떻게 그릇 행하는가가 생각나는 것이 아니라 주님께서 어떻게 우리를 구원하셨는가가 생각나게 하옵소서. 즉 죄가 우리를 주장하는 것이 아니라 우리가 죄를 주장하게 하옵소서. 죄인이 주님을 찾는 것은 죄를 고백함으로 찾는 줄 믿습니다."

끝으로 오랜 세월 안산에서 노모(99세)를 하늘의 부르심을 받을 때까지 모셨던 동생 이승재 집사 가정, 기도와 중추적인 선교 후원 역할을 한 아내의 언니 김성진 권사와 두 오빠(교수와 장로)와 동서 장로에게 감사를 전한다. 첫 출간 『영성 시대』(쿰란출판사, 이형규 장로), 두 번째 『영성 미션』(렛츠북, 류태연 대표)을 아끼고 도우신 많은 분들에게 감사를 표한다.

이번 『영성 나래』를 출간하는 킹덤북스(Kingdom Books) 윤상문 대표와 편집부, 출간 원고를 감수한 박호성 박사, 저술의 동기부여를 한 박성배 목사, 오랜 믿음 동지인 이경재, 장승익, 오대석, 강석진 목사 등에게도 주님의 사랑을 전한다. 무엇보다도 미르선교회, 새하늘선교회(이인석 회장, 권선희, 장인

숙 권사 등), 미르수양관을 헌당한 경기중앙교회 손경용 집사 부부, 수원 베들레헴교회 김병찬 장로 부부, 선교 초기에 오랜 기간 도움을 주신 김수읍, 최덕운 목사를 비롯한 여러 후원교회 성도님, 모교회인 영락교회(김운성 목사) 김순미, 김재완, 김성헌 장로 등 모든 남선교회·여전도회·해선회 가족들과 숱한 믿음의 친구들, 기도와 선교 동역자들은 물론 이용옥 권사 등 숨은 지인들에게 감사드린다. 최근에 만난 코아월드미션(이사장 이시온 목사)과 미스랜드(이사장 김희진 장로)와의 동역도 감사하지 않을 수 없다.

이번 책은 아내의 은근한 관심과 사랑 속에서 쓰게 됐다. 뜻하지 않게 날개가 너무 넓어서 우리와도 소통이 잘 안 되었던 막내 종한이로 인하여 더욱 하나님의 주권과 회심과 섭리에 대하여 겸손케 됨을 감사드린다. 아빠와 엄마를 대신하여 그를 이끌어준 큰아들 좋은이에게도 고마운 마음을 전하며 아무쪼록 우리의 마음과 관계를 아시는 주의 강건케 하심과 선하심과 새롭게 하심을 기원한다.

필자의 예전 배경에 관한 간략한 이야기는 어느 정도 반복이 필요한 것 같아서 두 번째 저서인 『영성 미션』 1장 '영성 스토리' 부분을 발췌했다. 사도 바울도 그의 회심에 관하여 사도

행전 9장, 22장, 26장은 물론 가끔 반복하여 언급한다. 공교롭게도 12명의 선교사들이 『미션 유라시아』(가칭)를 함께 출간 중이었기에 나의 글 어느 부분은 겹치기도 하였을 것이다.

이 책을 읽는 독자들도 자신에게 역사하신 주의 오묘하고 깊은 손길을 다시금 깨닫기를 기원한다. 영성 생활에 감추어진 보화를 찾으시기를 간구한다. 무엇보다도 영성의 다양한 흐름과 상상할 수 없도록 자라가는 영성의 풍성함을 사모하면서 누리기를 소망해 본다. 이미 다가온 영성 시대에 오직 예수 생명, 예수 사랑을 말씀과 성령으로 전하며 나누는 놀라운 회복과 새 창조를 그려본다.

2024년 4월
러시아 상트페테르부르크에서

## 추천사 1

**권득칠 교수_** 루터대학교 총장(7, 8대), 천안루터교회 담임목사 역임

사랑하는 이희재 선교사님께서 지난 30년간 헌신해 오신 러시아 선교 사역을 돌아본 『영성 나래』의 출간을 축하드립니다. 독자들은 이 책을 통해 오랜 세월 동안 '말씀과 성령 사역'에 힘쓰시며 삶의 균형된 시각으로 오늘도 치열한 선교의 현장을 지키고 계시는 선교사님과 만나고 대화하는 기쁨을 누릴 것입니다. 기독교 영성은 예수 그리스도의 삶을 본받아 살며, 그의 사랑을 가지고 세상으로 들어가는 삶의 과정입니다. 그리고 교회의 선교는 그리스도의 사랑의 복음이 삶 속에서 구체적으로 실천될 때 세상과 복음의 접촉점이 조성되고 사회적 책임을 다하는 기독교 신앙이 형성될 것입니다.

저자는 "영성 시대에 오직 예수 생명, 예수 사랑을 말씀과 성령으로 전하며 나누는 놀라운 회복과 새 창조를 그려본다"라고 말합니다. 바라기는 『영성 나래』가 교회를 교회 되게 하며 그리스도인들이 시대와 역사 속에서 하나님 나라를 확장하는 데 쓰임받으며, 더 나아가 러시아 선교의 새로운 장이 마련되는 계기가 되길 기도합니다.

## 추천사 2

**김광수 박사_** 하버드대학교 의대(세계 줄기세포 분야의 대표적인 과학자)

오래 전에 저자와 저는 함께 경기중학교에 떨어지고 함께 경동중학교에 입학하였습니다. 그래서 같은 반을 한 기억은 없지만 같은 중학교와 고등학교를 거치면서 가까운 친구로 지내게 되었습니다. 저자는 문과이고 저는 이과여서, 저자는 학생 운동을 열심히 하는 법대생이 되고 저는 과학자를 꿈꾸며 생물학을 전공하게 되었습니다.

그 이후에 오래 서로 만나지 못하다가 많은 세월이 지나서 제가 미국에서 교수 생활을 시작하는 중 우연히 시카고에서 열린 선교 대회에 갔다가 저자를 만나게 되었습니다. 그 이후에는 각자의 길은 크게 다르지만 함께 하나님을 믿고 섬기기를 원하는 믿음을 공유하였기 때문에 우정과 믿음을 함께 나눌 수 있는 특별한 관계가 되었습니다. 그래서 저자는 제가 섬기던 한인 교회에 혹은 제가 주관하는 작은 성경 공부 모임에 오셔서 귀한 말씀을 나눠 주기도 하였습니다.

저는 한국에서 박사 학위까지 마치고 미국에 와서 생활을 하였기 때문에 이를테면 일 세대 이민자인 셈입니다. 그래서 유학 및 이민 생활을 통하여 새로운 문화, 언어, 환경에 적응하느라고 힘들었던 생각이 아직도 생생합니다(물론 아직도 적응하지 못한 많은 부분들이 있습니다).

그래도 저는 미국에 와서 우리가 학교 때 공부했던 영어를 쓸 수가 있고, 또 모든 것이 비교적 풍요롭고 자유로운 생활을 할 수가 있었으나, 저자는 그야말로 완전 생소하고 낯선 러시아로 가서 평생을 그곳에서 선교 사역을 하고 있으니 저로서는 그 생활이 얼마나 힘들고 막막했을지 상상조차 되지 않았습니다. 청년 시절의 모든 야망과 꿈을 접고 일생을 하나님을 위하여 던진다는 것이 과연 일상의 삶 속에서 어떠한 모습으로 다가올지 저로서는 알 길이 없습니다. 그래도 아주 가끔씩이라도 만나서 대화를 나누면 그런 선교사의 삶을 통하여 하나님을 깊이 만나고 또 이웃에게 복음을 전하고 사랑을 나누는 모습이 저에게는 신선한 감동과 충격으로 다가왔습니다.

저자가 4년 전에 집필하신 『영성 미션』에 이어서 이번에 새롭게 출판하시는 『영성 나래』에서는 하루하루 선교지의 삶 속에서 어떻게 하나님을 묵상하고 경험하고 또 영성을 이루어 가는지를 잔잔하고 담담하게 기술하고 있습니다. 그것은 저와 같이 비록 선교지의 삶을 직접 살지는 못하지만 각자의 처한 곳에서 어떻게 하나님을 만나고 느끼고 믿음으로 살아갈 수 있는가 하는 질문에 실제적인 가이드와 깨달음과 감동을 선물한다고 생각됩니다. 진정한 영성은 내가 거룩해져서 주님께 나아갈 수 있는 것이 아니고 순간순간 나의 연약함을 주님께 아뢰며 주님과 하나가 되는 삶이라고 생각하기 때문입니다. 주님을 신실하게 따르고자 하는 신앙인들에게 이 책을 진심으로 권하고 싶습니다.

## 추천사 3

### 최동환_ 사단법인 아프리카인사이트 이사장
(전 주세네갈대사, 주몬트리올총영사 겸 ICAO 대사)

  이희재 선교사님은 제가 좋아하고 사랑하는 친구입니다. 한국 정치의 꿈을 포기하고 세계 선교의 사역에 헌신하고 있는 친구를 생각하거나 만날 때마다 저는 잔잔한 위로와 감동을 받습니다. 그는 따뜻한 가슴으로 늘 미소를 지으며 옆에 있는 사람을 편안하게 해주는 선교사요, 자신의 일상의 삶에 구체적으로 개입하시며 역사하시는 하나님의 뜻과 예수님의 사랑을 솔직하고 담담하게 드러내는 영성의 목사입니다. 그러기에 아주 매력적인 친구요 목사요 선교사입니다.

  『영성 시대』와 『영성 미션』에 이어 세 번째 책인 『영성 나래』를 출간하게 된 것을 충심으로 축하합니다. 우리는 이희재 선교사님의 영성 시리즈 책을 통하여 이 땅에 흐르는 사회적 흐름도 놓치지 않고 좌로도 우로도 치우치지 않는 말씀을 전하는 선교사, 허공에 치우치는 이론이 아니라 삶에 뿌리를 두고 다른 사람에게 복음을 전하며 자신도 복음으로 주님을 누리는 선교사를 발견할 수 있습니다. 저자의 삶과 진솔한 고백을 통하여 모든 것이 합력하여 선을 이루게 하시는 하나님을 발견할 수 있습니다.

"너희 안에서 착한 일을 시작하신 이가 그리스도 예수의 날까지 이루실 줄을 우리는 확신하노라"(빌 1:6).

"우리가 시작할 때에 확신한 것을 끝까지 견고히 잡고 있으면 그리스도와 함께 참여한 자가 되리라"(히 3:14).

이 말씀에 의지하여, 러시아 선교 30주년을 맞아 "은퇴 대신 주님께서 날개를 달아주시다"라고 고백하는 저자를 통하여, 우리도 영성의 나래로 날아 하나님께서 원하시는 놀라운 은총의 삶을 누릴 수 있다는 확신을 갖게 됩니다.

거룩과 겸손과 사랑, 이 세 가지를 어떻게 이루며 살까 고민하면서 십자가 속에 다 포함되어 있다고 고백하신 선교사님의 이야기, 내주하시는 성령님의 세심한 인도하에 주님의 자유를 누리며 사역하고 계시는 선교사님의 이야기를 통하여, 우리도 이희재 선교사님과 동일하게 일상의 삶에서 거룩과 겸손과 사랑을 이루며 주님께서 주시는 자유를 누리는 축복이 있게 될 줄로 생각합니다.

우리 일상의 삶에 개입하셔서 구체적으로 역사하시는 하나님을 더욱 깊이 알아가기를 원하시는 분들, 그리고 우리의 죄성으로 인하여 고민하며 일상의 삶 속에서 하나님의 임재와 역사하심을 사모하는 분들께 『영성 나래』를 강력 추천합니다.

## 추천사 4

**박태겸 목사_** 캐나다 동신교회 담임 목사, KPCA(해외한인장로회) 부총회장

이희재 목사의 3번째 책 『영성 나래』는 30년 전 그의 러시아 선교사로의 부르심과 선교 사역, 그리스도 안에서 그를 통하여 일하시는 성령의 역사를 다룬 책입니다. 그를 주님의 일꾼으로 만든 것이 '새하늘선교회'라면, 그를 선교사로 완성시켜가는 작품이 『영성 나래』입니다. 그는 이 책을 통하여 자신의 여정을 돌아보며 하나님의 인도하심에 전적으로 자기의 삶을 의탁하고 있습니다. 이에 이 책은 주님의 뜻을 이루어내기에 충분한 가치가 있는 책입니다.

나는 37년 전 장로회신학대학교에서 이희재 선교사를 만났습니다. 신대원 82기 동문으로 3년간 그와 함께 신학을 공부하며 함께 졸업하며 함께 선교 사역을 하며 그를 지켜보았습니다. 그는 학벌도 좋고 리더십도 좋아 한국 대형 교회의 훌륭한 지도자가 될 것을 상상했습니다. 그러나 그는 가난한 심령으로 오직 성령에 얽매여 러시아 선교라는 외길 인생을 30년간 걷고 있습니다.

가장 힘든 것은 한 가지 일을 계속하는 것입니다. 같은 사람

을 오래 만나는 것입니다. 그것이 목회든 선교든 역사를 같이 만들어가는 공동체 안에는 많은 아픔과 상처가 공존합니다. 때로 교인을 잃고, 함께 사역하는 동역자들과 갈등하고, 집 나간 아들을 잃을 때면 모든 것을 접고 도망치고 싶었을 것입니다. 그런데 그 모든 것을 참고 기다리며 오히려 그것으로 '영성의 나래'를 펴고 비상하는 사역을 일구어내는 이 선교사님의 뚝심에 박수를 보냅니다.

이 선교사는 저희 캐나다 동신교회에 와서 가끔 설교와 선교 보고를 했습니다. 그는 이 땅에 발을 붙이고 살고 있지만 하늘을 사는 사람입니다. 그의 설교와 선교는 언제나 영적인 통찰력과 소망으로 가득 차 있습니다. 그의 날카로운 지성은 언제나 부드러운 영성으로 나타납니다. 이것이 그가 섬기는 미르 선교 공동체를 분열시키지 않고 아름다운 조화를 이루는 공동체로 만드는 비결이 되었을 것입니다. 그는 균형잡힌 선교를 하는 한국 선교사의 대표적인 선두 주자요 영적 지도자입니다. 그는 복음적이면서도 세상의 아픔을 가슴에 품고 살아갑니다. 그를 보면 복음과 인격이 함께 보입니다. 지성과 영성이 함께 보입니다. 말씀과 삶이 어우러져 아름다운 신앙의 향기를 뿜고 있습니다.

앞의 두 책보다 『영성 나래』는 더욱 그의 삶과 신앙 인격이 연결되어 대중 목회자들과 선교사뿐 아니라 일반 평신도에 이르기까지 신앙과 인격을 성숙시키는 데 큰 지침을 가져다줄 것입니다. 하나님은 그에게 은퇴를 선택하기보다 날개를 달아 비상하게 만드셨습니다. 그는 이제 꿀벌이 되어 이 꽃 저 꽃을 옮겨 다니며 서로 짝을 지어 열매를 맺게 해주고, 많은 선교적 경험과 통찰력을 가지고 미래의 유익한 선교 정책을 세우게 하며, 세계 선교와 한국 교회와의 징검다리가 되어 새로운 방향을 제시하게 될 것을 기대해 봅니다. 그는 충분히 귀한 곳에 사용될 수 있을 만큼 겸손하고 무르익었습니다. 그를 통해 하나님의 뜻이 온전히 이루어지기를 소망하며 영성이 부족한 사람이 영성이 충만한 『영성 나래』를 추천하게 됨을 무한한 기쁨으로 생각합니다.

거룩한 직무 **영성 나래**

# Part 1

## 러시아로 부르심과 영성 시대

# 1장

# 예수 생명과 예수 사랑을 만남[1]

## 1. 사랑과 야망을 위하여

나는 어릴 때 이사를 많이 했다. 서울 동대문, 종로5가, 창신동, 청계천, 평화시장, 숭인동은 내가 놀고 자란 동네이다. 동대문초등학교 시절 주로 반장을 했고, 졸업식에서는 학생회장 자격으로 답사했다. 큰 대야를 앞에 두고 연습을 했다. 후에 대학 시절에 초등학교 동창회를 주선하여 동기회장으로

---

1  이희재, 『영성 미션』(서울: 렛츠북, 2021), 1장 '영성 스토리'에서 발췌했다.

선임된 적도 있다.

아버지는 황해도 평산에서 태어나 사리원에서 자라셨다. 그는 반공포로 출신으로 통일이 될 줄 알고 북한으로 돌아가지 않으셨다. 선교 대회가 있던 2019년 2월 겸사겸사 거제도 포로수용소를 다녀왔다. 날마다 좌우 각파에서 죽어가는 그 현장을 간접적으로 보았다. 아버지는 동네 사람으로부터 교장 선생님이라는 별명을 얻을 정도로 많은 이들과 잘 어울려 지냈다. 약주를 좋아하셔서 그랬는지 고혈압으로 쓰러져 왼편은 평생 불편하였으나 여생을 가족을 위하여 모든 욕심을 끊고 헌신하셨다.

가정을 도맡은 어머니는 별별 영업을 다 했다. 당시는 소위 '야인 시대'였기에 어머님이 하던 식당 등에도 조폭들이 많이 넘나들었으나 나중에 나의 외삼촌이 동대문사단 행동 대장이라는 사실을 알고 나서는 덕을 보았다. 당시 천하의 유지광을 혼냈다는 일화도 들었다. 외할머니가 장사를 잘하여 외삼촌에게 인삼을 수없이 먹여 댔더니 외삼촌은 복싱, 역도, 기계체조, 빙상 등 다양한 운동 분야에서 국가대표 수준급까지 됐다. 그 주먹 세계에서 탈퇴할 때 몰매를 맞았다. 추후엔 부동산 업계로 진출했다.

외가의 피를 많이 물려받은 것 같은 동생네 가정과 어머님을 위하여 얼마나 오랫동안 기도해왔는지 모른다. 성격이 비슷한 어머니와 동생은 서로 부딪치기 일쑤였다. 가정에서 화평의 영성을 사모하며 지나고 보니 그 시간은 다 나를 위해 목자의 마음을 갖도록 해주신 연단의 기간이었다. 오묘한 섭리로 지금껏 30년 동안 동생은 어머님을 모시고 있다.

예기치 않게 경기중학교에 떨어졌으나 경동중학교에 입학하여 좋은 친구들을 많이 만났다. 나는 검정고시로 경기고등학교 시험을 쳤으나 또 떨어졌다. 다시 경동고등학교에서 '예찬 문학 서클'에 가입해 열정을 태웠다. 수도여고, 정신여고생들과 함께 청춘 예찬을 한 셈이다. 영락교회 고등부, 영어 성경부에도 한 번 가기는 했는데 이방인 같았다. 숱한 벗, 선후배들을 알게 됐다. 이때 민족의 지도자가 되고자 하는 야망에 동우회 활동도 했다.

대학도 재수하여 서울대학교 사회 계열에 입학, 교양과정부(의대, 음대, 미대, 농대를 제외한 1학년 전부) 대의원회 의장이 됐다. 먼저 각반에 반장 선거가 있었는데 각본대로 사회자가 진행하는 것을 내가 브레이크 걸었다. 선거 전에 먼저 돌아가면서 인사하자고 했다. 결국 내가 선임됐다. 그다음 대의원들이 모인 대의원회의 의장 선거에 아무도 나를 추천해주지 않았다. 내 옆에 앉아 있는 키 큰 친구 노훈에게 나를 추천하라고 했다. 자신의 선배가 이미 추천되었기에 자기는 그럴 수 없다고 했다. 내가 머리를 쥐어뜯으며 고민할 때 그가 정신없이 손을 들고 얼결에 내 이름을 불렀다. 치열한 3차 결선 투표까지 가다가 결국 내가 의장으로 선임됐다.

그때부터 학창 시절의 전성기를 맞이했다. 미팅 주선은 물론 서클 활동에 앞장서다 본의 아니게 74학번 학생 운동 주자가 됐다. 당시 이슈는 유신헌법 반대였다. 처음 1학년 때에는 비상 학생총회를 주동한 혐의로 유치장을 경험했고 '요주의 인물'이 되어 중앙정보부 요원이 내게 배정됐다. 그 당시 어느 경찰이 나의 시위 사진을 내게 보물같이 전해주었다. 2학년 때는 관악산으로 대학이 옮겨졌다. 사법 시험을 볼 의향이 있었기에 몸조심했다. 그러나 내 뜻대로 되지 않았다. 1975년 4월 무기정학에 이어 한 달 후 제명됐다.

긴급조치 바로 전이라서 구속되지 않고 두 번 구류에 불과했다. 그때 제명된 동지들이 우리나라 정계에 가득하다. 속전속결로 군에 입대하게 되어 유격대로 발령받았다. 도저히 나의 체력으로는 상상할 수 없는 군부대 생활이었다. 그 후 생각지 않던 의지가 발동하여 유격대 조교로 독수리처럼 자라갔다.

"인제 가면 언제 오나 원통해서 못 살겠다." 원통에서 가까운 미시령 유격장이었다. 그곳에서 야성과 담력을 기르게 되었으나 죄가 죄인 줄 모르고 방황했다. 제대 후 고시원에서 사법 시험을 준비했다. 그러다가 10.26사태 박정희 대통령 서거로 꿈에 그리던 복학을 했다. 안타깝게도 한 달 후 나의 부친이 갑자기 소천하셨다. 이때부터 나는 예수를 믿기 시작했다. 이미 나라 분위기는 민주화의 이른 봄이 시작됐다.

복학생 동지회가 결성되고 그중에서 별들의 내부 경쟁이 보였다. 나 역시 유격대에서 갈고닦은 실력으로 한몫 잡으려고 애썼다. 사회 계열이기에 복학 시 주의 은혜로 법학과에 들어가게 됐다. 우선 사법 시험을 통과해야 했다. 붙어도 나 같은 학적 변동자들은 3차 면접에서 안 된다는 소문도 자자했다. 총력을 기울일 수 없는 그럴듯한 변명이 있는 셈이다. 운명이었는지, 아차 하는 순간에 1980년 5월 14일 영등포 역전에서 벌어진 비상총회에서 즉흥적으로 핸드마이크를 잡으며 또다시 총진행을 주도케 됐다. 이때 약 1만여 명이 참석했다.

낭만적인 선동 기질이 작동했다. 유격대 시절 병력을 몰던 경험이 주효했다. 당시 회상키를 누군가 나를 폴란드의 바웬사를 연상케 한다고 부추겼다. 하지만 성난 데모대를 더 이상 말릴 수 없었다. 수많은 국내외 방송, 신문 취재진이 다음 진로는 어디냐고 물었다. 문득 나는 광화문이라고 대답했다. 한참 데모대와 같이 가다가 다리를 건너지 못하고 최루탄이 쏟아지는 바람에 "내 길은 이 길이 아니라"는 깨달음이 스쳐 갔다. 민주화를 위하여 목숨을 바칠 수는 없다고 판단했다.


## 2. 운명적인 만남과 회심

회심 이후에 끊임없는 성화의 과정, 성령의 인도하심이 바로 '영성 생활'이다. 진리의 성령이 오시면 우리를 모든 진리 가운데로 인도하신다. 주위의 많은 분들을 보면 정치 성향이나 사회를 보는 안목은 잘 안 변하는 것 같다. 그러기에 정치관이 나오면 다툼이 일어나기 쉽다.

대학 입학 당시 부유한 친구가 있었는데(나는 그의 두 여동생을 가르치기도 했다), 이 친구 때문에 영락교회에 등록했다. 그러다가 몇 달 후 10월 26일 박정희 대통령 시해 소식을 들었다. 운동권 친구들은 만세를 불렀으나 나는 죽음 앞에 침묵했다. 곧바로 아버지도 뜻밖에 돌아가셨다. 그때 예수님의 죽음과 부활이 심각하게 다가오며 예수를 구주로 믿게 됐다. 그러나 여전히 삶의 주인은 나였다. 예전의 삶의 목표와 방향은 바뀌지 않았다. 다만 조금 더 조심하다가 결국 1980년 5월 14일 영등포 역전에서 데모를 주도하게 됐다.

도망 다니던 어느 날 나를 전도하던 친구(김정환)가 참가비를 내주어 나는 예수전도단(YWAM) 전도요원훈련(이대 옆 다락방, 5박 6일)에 참여케 됐다. 그때 마지막 전날 밤(1980년 7월 17일) 성령으로 회심케 됐다. 며칠간 말씀 강의가 있었고 저녁마다 특별 집회를 하는 것 같았다. 무엇보다도 창조와 구원에 대한 핵심 메시지, 성령에 대한 기본 강의를 들었다. 마지막 날 밤 임종표 선교사님이 강력히 인도했다. 그러나 내 마음에는 선동으로 느껴졌고 어색해 보였다. 나는 그보다 더 선동을 잘할 것 같았다. 그들의 율동은 아름다웠으나 내 마음에는 '민족이 어려운 때에 무슨 찬양인가' 하며 그들이 어린아이같이 느껴졌다. 학생 데모가 한창이었다. 그러다가 홀연히 그들이 적어도 이 순간만은 나보다 더 정직하고 순수하다는 생각이 스쳐갔다.

성령이 책망하자 죄를 고백하게 되고 회개하게 되었으며 이어서 인도자가 앞으로 나오라 하였을 때 뜨거운 불이 내렸다. 고린도전서 12장 첫 번째 나오는 '지혜의 말씀' 은사를 구했다. 그 지혜를 받았는지 확실히 알 수 없는 의심이 지나갔다. 하나님으로부터 혹 버림받지 않았나 하는 무서운 생각도 스쳐갔다. 그래도 자신의 교만은 꺾이지 않다가 두 번째 초청이 이어졌다. 그때 겸손히 아무 은사라도 구했다. '방언도 좋고요'라는 생각이었다. 즉시 알지도 못하는 방언이 튀어나왔다. 할렐루야! 마음 깊은 곳에서 생수가 터져 나온 것이다. 하늘이 얼마나 맑아 보이던지······.

때마침 "나는 찾았네"라는 주제로 '여의도 민족 대성회'도 한창이었다. 당시 인도자는 후에 아프리카 선교사로 떠났다. 주의 강권하심이었다. 그와는 인격적인 만남이 거의 없던 차였다. 그 후로 20여 년이 지나고 그분과 나는 방콕 선교 포럼에서 나란히 강사로 서게 됐다. PCK '예장 통합 세계선교사회'에서 만나 간헐적으로 교제하고 있다. 나는 회심 후 영락교회로 돌아가서 중등부 교사와 청년부 활동을 하게 됐다. 이후 청년들, 권사님들과 기도하면서 자연스럽게 새하늘선교회가 태동됐다.

그들은 장충동 새하늘의집, 여나유치원, 수유리 영락기도원에 주로 모이며 성령의 불꽃을 따라 국내외는 물론 전 세계로 흩어져 복음을 전하고 있다. 주의 때가 되고 누군가 선교를 지향하는 목양을 하면서 구심점이 된다면 놀라운 선교 동력이 될 것이다. 그래도 매주 모여 중보기도회를 하니 신기하다.

새하늘선교회는 2015년 7월 30주년 기념세미나를 열었다. 다시금 주께서 영락기도원으로 모아주셨다. 그동안 사연들을 편집하여 기념 책자『아름다운 동행』이 발간된 것도 큰 은혜다. 너무나 귀한 동역자들이지만 그들을 엮는 인물이나 교회들이 필요하였다.

'예수 생명, 예수 사랑'은 나를 넓은 곳으로 계속 몰아갔다. 럭키개발, 장신대 신대원, 싱가폴 ACTI(타문화 선교 훈련원), 시카고 맥코믹 신대원 등. 용두동 서울 동광교회, 면목동 동일교회, 장화 없이는 못사는 고척동 고척교회에서 귀한 목사님, 여러 성도들과 함께 목회를 배웠다. 민족 화해와 세계 선교를 감당하는 목양의 꿈을 키워갔다. 하나님은 나 자신이 직접 선교사로 나가도록 인도하셨다. 언제 돌아올지 모르나 다 맡기고 가야 했다. 마침내 1994년 11월 말 (아내, 좋은이와 함께) 광활한 땅 러시아로 향하기 위해 파송 예배를 드렸다.

상트페테르부르크(구 레닌그라드)는 참으로 나에게 적절한 선교지(주의 특별한 은총)였다. 레닌이 혁명을 일으킨 본고장이요 한국 전쟁 아픔의 원산지라는 점이 오묘하다. 무엇보다 이곳이 아니면 모를 뻔한 자신의 죄성을 발견하고 수없이 아프고 부끄러웠던 선교지이다. "나의 나 된 것은 하나님의 은혜라(고전 15:10)."

디베랴 바다에서 부활하신 예수와 만났던 베드로의 깨짐, 용서, 사명을 묵상하며 개척한 디베랴교회. 이곳에서 목자의 마음을 배우는 과정 중에 있다. 성령께서 일할 수 있는 토양을 만들기 위해 애쓰는 미르(MIR)신학교와 선교회, 미르한인교회, 미르고려교회, 연합 사역, 기도 성회 사역 등이 펼쳐지고 있다.

### 3. 영성에 눈을 뜨며 자라가며

홀연히 임한 성령의 역사로 새벽이면 먼저 살아계신 주님의 임재를 사모케 됐다. 집 가까이 동네 교회나 산에 올라가서 기도하던 시절이 감사하다. 말씀을 사모하며 주님과의 만남이 시작됐다. 의에 주리고 목마른 자는 배부름을 얻으리라(마 5:6).

영락교회(주일 대예배와 청년)와 순복음교회 예배(주일 새벽과 금요철야기도회)를 모두 다녔다. 새하늘선교회 청년들과 영락기도원(전주찬 목사)에서 금요일마다 모임을 가졌다. 임명선 권사, 대한 수도원 강원도 태백시 하사미리 마을 예수원(대천덕 신부), 바실레아 슐링커(마리아 자매회), 저명한 기도원 목사님, 한경직, 박조준, 조용기 목사님 등에게 주로 영향을 받았다. 하지만 결혼을 위한 간절한 기도는 수없이 빗나갔다.

1986년, 이제는 상대가 밉지만 않으면 결혼해야겠다고 마음을 먹었다. 한 가지 조건은 '신실하고 사랑스런 주의 딸'을 달라는 것이었다. 영락교회 권사님들 두 분이 중매하셔서 만난 사람이 오산서 주로 자란 지금의 아내이다(두 오빠는 교수와 장로). 윗동서는 저명하고 귀감이 되는 군단장 출신 장로이면서 나의 고교 후배인 것이 오묘하다.

미르선교회를 섬기며 여러 선교사들과 동역하기는 전적인 하나님의 은혜이다. 지금까지 영성을 몸으로 익히도록 연단 받고 있다. 굳이 선교사들과 동역하며 선교할 필요가 있을까 느낄 때도 있지만 주의 깊은 뜻과 섭리를 느낀다. 선교 사역을 하면서도 가장 중요한 것은 역시 기도와 말씀이었다. 하나님의 사람으로 정체성을 품으며 위기 때마다 그 사실을 마음에 새기려 했다. 어느 날 존 번연의 『천로역정』과 그의 전기를 보면서 힌트를 얻어 나의 부족한 삶도 나누게 됐다. 결국 내가 만난 예수, 우리가 만난 예수, 사도신경의 보편적인 예수를 전하는 것이 우리의 일이다.

> "우리가 시작할 때 확실한 것을 끝까지 견고히 잡으면 그리스도와 함께 참예한 자가 되리라"(히 3:14).

어느 주일 1시간이나 일찍 교회에 갔다. 우리 안에 주의 기름 부음이 있다는 메시지를 묵상하다가 늘 늦게 나타나던 아프리카 코케라는 형제가 이날은 일찍 왔다. 그는 아프리카 가나에서 누워 있는 자기 아버지의 모습을 내게 보여주면서 슬퍼하고 있었다. 6개월 전에는 러시아 비자가 없어서 막막해하던 형제였다. 집단적인 화원 농장에서 일을 하는데 재정이 다 떨어져서 아프리카에 가기가 어려운 형편 같았다. 잠시 마당에서 그의 아버지를 위하여 서로 기도했다. 예배 시간에 그의 표정이 무언가 고민이 많은 것 같았다. 찬양 도중에 나한테 급한 일이 생겼다고 하며 밖으로 나갔다. 나도 뒤따라 나가고 마침 그의 옆자리에 앉았던 율랴 자매가 따라 나왔다. 그의 아버지가 방금 별세했다는 것이다. 그러자 나는 약 40여 년 전 나의 아버지가 갑자기 세상을 떠나고 얼마 후 예수님을 만나게 됐다고 그에게 이야기를 했다. 그리고 함께 다시 예배드리러 들어갔다.

그날 저녁에 갑자기, 10월 26일 박정희 대통령 서거 당시 관련된 유족 이름 중에 어느 분 딸이 내 친한 친구의 부인이라는 생각이 떠올랐다. 그 충격과 고통이 얼마나 컸을까 생각해 보았다. 당시 그 엄청난 국가적인 사건에 대한 새로운 평가도 있다. 당시 어느 선배가 요사이 궁금해서 그의 이름을 구글에 한 번 쳐 봤더니, 내 이름도 같이 나왔다. 1975년도 긴급조치 전후로 일어난 학생 운동 비화들을 누군가 기사로 올렸던 것이다. 당시에는 누가 보아도 대체로 선과 악이 분명했는데 역사가 지나고 나면 여러 복합적인 사연들이 얽히게 되면 자연히 정치 성향에 따라 이념 논쟁이 생기기 쉽다.

1991년 소말리아 내전 당시 실화를 배경으로 만들어진 〈모가디슈〉라는 영화를 오래전에 가족들과 함께 인상적으로 봤다. 북한 대사관과 한국 대사관에 그 이념 갈등이 있었으나 죽고 사는 긴박한 문제에 힘을 합치는 모습들이 있었다. 우리가 살면서 정치, 경제, 사회, 문화, 예술, 스포츠 등 여러 분야의 다양한 소식을 접하고 해석하며 산다. 어떻게 그 정치적인 그 관심과 이념 속에서 빠져나오고 주의 종이 되고 러시아 선교사로, 또 전 세계에 있는 수많은 주의 종들과 교통하며 살고 있는지 신기하고 하나님의 긍휼이 놀랍다. 하지만 지금도 가끔은 자기주장이 나오게 된다. 사람들이 자기 의가 없이는 어떻게 살아갈 수 있을까?

"더욱 힘써 너희 부르심과 택하심을 굳게 하라 너희가 이것을 행한즉 언제든지 실족하지 아니하리라"(벧후 1:10).

모든 것이 하나님의 은혜이지만 내가 할 일, 애써야 할 일은 분명히 있다. 대체로 어떤 어려운 문제도 주님과 함께 믿고 간구하면 넘어가는데, 가장 큰 문제는 스스로 쉴 때라든지 안일에 빠질 때이다. 주님과 함께 쉬는 법을 몸에 배웠으면 얼마나 좋을까? 일도 주님과 함께 하고 쉴 때도 주님과 함께 쉬고, 주님과 함께 즐거워하는 것이 참으로 필요하다. 40년 광야 생활 후에나 하나님께서 모세를 새롭게 사용한 것이 조금은 이해가 된다.

우리의 옛 습관에서 벗어나서 주님의 가치관과 신성한 성품에 참여하는 것이 오랜 세월이 걸리는 것 같다. 사회 구조 속에서 숱한 악과 폭력과 거짓과 대항하다가 평생을 고통 속에서 살아가는 사람들이 실로 많이 있다는 것을 발견한다. 물론 그들도 내면의 개인적인 죄악들은 있을 것이다. 주의 빛으로 우리 민족을 불쌍히 여겨 주소서.

# 2장

## 러시아로 강권하시다[2]

예전에 나는, 내가 원하는 대로 가고자 애쓰고 전력투구하는 편이었다. 그러나 주를 만난 후로는 하나님께서 새로운 진로를 인도하셔야 따라갔다. 어떤 새로운 길을 갈 때는 주께서 강권해 주시는 그 섭리를 신뢰한다. 내가 먼저 시작한 것은 끝까지 간다는 보장이 없으나 하나님이 시작한 것은 주님이 시작했기에 앞길이 캄캄할 때도 그것을 생각하고 하나님께 맡기게 된다. 주의 종이 된 것도 주님이 부르신 것이고, 신학교를 간 것도 목사 안수를 받은 것도 사역지를 인도받을 때도 하나님의 강권하심이 있었고 인도하심이 있었다.

---

2  이희재, 『영성 미션』(서울: 렛츠북, 2021), 1장 '영성 스토리'에서 발췌했다.

나이가 약 40살이 되어서야 처음으로 국내를 떠나게 됐다. 고척교회 부목사 시절에 머리 위로 비행기가 많이 날아가고 있었다. 그런데 어느 날 처음으로 싱가포르 ACTI라는 곳에 아내와 큰아이와 셋이 선교 훈련을 간 것이다. 그곳에서의 하루하루 훈련이 결코 쉽지 않았지만 하나님이 인도하신 첫 해외 선교 훈련이기에 기쁨도 있었다. 날마다 주님의 임재를 사모하며 성령의 충만을 사모하며 어떻게 지나왔는지 모른다. 타문화권 선교 훈련을 거치며 결국 러시아 상트페테르부르크까지 오게 됐다.

### 1. 싱가폴 ACTI(아시아 타문화권 선교 훈련원)

영락 청년 시절 아끼던 후배가 먼저 장신대 신대원에 입학했다. 그 당시 나는 여의도에 있는 럭키개발(럭키금성 그룹에 속한 건설회사)에 다니고 있었다. 극동방송 아나운서 시험에서 1, 2차(음성 테스트) 합격 후 면접에서 떨어졌다. 몇 달 후 다시 사람이 필요하니 오겠느냐고 연락이 왔다(한 사람이 장신대 신대원에 입학함으로 공석이 됨). 나는 이미 럭키개발에 법대 교수님 추천으로 취직하여 기획 심사과에서 일했다. 매달 나오는 월급 때문에 극동방송에 갈 수가 없었다.

어느덧 회사 근무 기간 약 40개월이 마칠 무렵에 바로 그 후배인 김 아무개가 "형님 함께 신학해요" 하면서 원서를 갖고 왔다. 주의 인도하심으로 믿고 주의 종의 길로 들어섰다. 세월이 흘러 목사가 된 그 후배가 황금 같은 여름휴가를 얻어서 싱가포르에 직접 가서 ACTI 원서를 갖고 왔다. 당시 나는 고척교회 부목사로 섬기고 있었다. 마침 담임목사님은 나보고 싱가포르에 있는 어느 신학대학원에 입학하라고 그곳 전도사를 만나게 해주었다. 어느 것이 주의 뜻인지 분별하기 어려웠으나 석사 과정을 두 번 하는 것보다 선교 훈련이 낫다고 김 목사는 강권했다.

또 ACTI는 여러 국제 선교 단체(OMF, 위크리프 등)들이 연합하여 세운 권위 있는 선교 훈련원이라고 했다. 그 김 목사와 나는 선교를 지향하는 목양의 꿈이 있었기에 제대로 선교사 훈련을 받았으면 했다. 문제는 부부가 함께 몇 가지 테스트를 거쳐야 하고 경비 마련 등 과정이 쉽지 않았다. 또 영어 테스트 테이프 서류들이 와야 1차를 합격한 것으로 여기게 됐다. 그때는 동생네 부부와 가족들 수양회 겸 제주도 해변에 머물던 참이었다. 제주 영락교회에서 부목사로 섬기던 동기 목사로부터 연락이 왔다. 테이프 등이 고척교회에 왔다는 것이다. 그때 감격은 말할 수 없었다. 아직 된 것은 아니지만 그리되리라

믿었다.

그렇게 해서 가을에 정든 고척동을 떠나 약 7개월간 선교사 훈련이 시작됐다. 주의 경륜 가운데 참여했으나 사실 하루하루가 힘들었다. 훈련원장인 Titus Loong, Hellen Loong 부부와 언어와 문화 선생님인 Sylvia 선교사 등 스태프진과 12명 정도의 훈련생들이 함께 영어를 사용하면서 공동생활을 했다.

하루가 지나갈 때마다 달력에 체크를 할 정도로 일정 소화하기가 쉽지 않았다. 그러나 무조건 이 과정은 이겨내야 한다고 생각했다. 새벽마다 해변에서 기도하면서 주의 임재를 경험했다. 아내와 다투다가도 모기에 물리다 보면 함께 모기장 속에서 모기 잡느라고 화해를 하곤 했다. 신기하게 성령이 임하시면 그 하루는 무슨 일이 있어도 이겨낼 수 있었다. 김치를 자주 먹지 못하는 나날도 있었지만 어쩔 수 없었다. 각자 청소 담당이 있는데, 마당 쓰는 일이 내게 주어진 날마다 희한하게 나뭇잎이 많이 떨어졌다.

내게 가장 어려웠던 일 중 하나는 주일날 정해진 곳에 가서 예배드리는 일이었다. 설교나 기도 등 어떠한 역할이 없이 단순히 예배 참석만 하는 것이 쉽지 않았다. 주님은 오늘 한 번만 주일 예배 잘 드리라고 말씀하시는 것 같았다. 그렇게 매주일을 견뎠다.

한번은 대만에 10일간의 선교 여행 코스가 있었다. 그때 원장에게 잠시 대만을 거쳐 한국에 사흘간이라도 다녀오면 안 되겠느냐고 청했다. 허락을 받은 다음 날, 다시 사흘은 너무 짧으니 5일간으로 연장해 달라고 부탁했다. 그랬더니 원래 허락되어 있던 사흘간의 계획까지 취소됐다. 어느 날은 중국 교회를 방문하여 나보고 간증을 3분만 하라고 했다. 그래서 모처럼의 기회이니 5분이 가능하냐고 하였더니, 도리어 2분만 하라는 대답을 들었다. 이러한 훈련들은 귀한 영성 보화였다.

원장 부인은 무슨 비상 상황이 생길 시 미국 대통령에게 직접 연락할 정도로 대단한 여종이었다. 훗날 그들이 러시아 카잔이라는 마을에 선교 중이었던 큰딸과 함께 우리 사역지에 방문한 적이 있었다. 고척교회에서 동역자들이 사랑의 편지와 선교비를 보낸 적도 있었다.

대부분 훈련이 자기 부인이요 순종이었다. 세계적인 선교사들이 방문해 강의를 했다. 이따금 싱가포르에 있었던 여러 한국 선교사들과 어쩌다가 만나면 그때가 위로가 됐다. 수료 시에는 내가 한국 문화를 소개하는 시간도 가졌다. 원장은 나보고 한국에서 목회하기 전에 최소한 5년은 중국 선교사로 있으라고 권면했다. 하지만 ACTI를 마칠 적에는 미국 유학을 생각하게 됐다.

### 2. 시카고냐 블라디보스톡이냐

고척교회 김제건 목사님이 중국 선교사 반호를 추천해주고 그가 미국에 건너가서 맥코믹(McCormic) 신학대학원 석사 과정 원서를 보내왔다. 내게 있어서 중요한 원칙인, 새로운 단계로 옮겨 갈 때마다 하나님이 직접 강권하신다는 믿음을 건지했다. 시카고에서 우리 부부와 좋은이는 오직 주님만 의지하며 새로운 도전과 경험을 해야 했다. 이때에도 '시카고를 가느냐 러시아 블라디보스톡을 가느냐'라는 커다란 갈등이 있었다.

시카고에 가는 과정도 비자, 재정 보증, 비행기 표 등 주의 기적 같은 역사들을 만났다. 나에게 복음 전해준 친구가 다음 달 시카고로 가게 됐다고 하며 잠시 자기 사무실로 들르라고 했다. 자기가 생긴 금액인데 주께서 내게 주라고 한다고 즉석에서 미화 3000달러를 내주었다. 그리고 미국에 가더라도 어느 익명의 선교 단체를 통하여 돕겠다고 약속을 했다. (서류에 서명도 하고 외환은행 계좌도 열었다. 하지만 그 선교 단체로부터 도움은 오지 않았다.) "…이는 우리로 자기를 의지하지 말고 오직 죽은 자를 다시 살리시는 하나님만 의지하게 하심이라"(고후 1:9).

ACTI를 마치고 영락교회를 잠시 들렀는데 그때 선교 담당인 이응삼 목사님으로부터 러시아 선교사로 파송 받지 않겠느냐는 제의를 받았다. 그때는 깊이 생각지 못하고 감사하지만 러시아는 아니고 중국에 가겠다고 했다. 그 이후 영락교회와 공식적인 선교 동역 관계가 얼마나 귀한지 알게 됐다. 나중에 선교지에 가보니 나의 모교회로부터 사랑의 후원 관계가 얼마나 중요한지 알게 되었기 때문이다(특히 나의 주 후원교회가 중단되다 보니 더했다).

시카고에서는 과제물을 영어로 준비하는 것이 참으로 어려웠다. 더욱이 우리 부부가 함께 공부하니 학기마다 등록금도 배로 들었기 때문에 간절히 기도하면서 주의 공급을 경험했다. 우리 부부를 추천한 원로 목사님은 재정이 있었을 테지만 실제로는 도움을 주지 못하고 내 아내에게 미장원에서 일하라고 권면했다. 성령을 통하여 영성 훈련을 제대로 받은 셈이다. 그 와중에 시카고에서는 이웃의 한국 전도사들과 우리 집에서 새벽기도회도 했다.

ACTI와 장신대 신대원(M.Div.) 과정을 인정받아 맥코믹 신학교를 1년 만에 졸업했다. 강형길 목사님의 사랑을 받았다. 성령의 역사로 짧은 1년 동안 많은 분들을 만났다. 어느 날 학교에서 점심 채플 시간에 영어로 설교를 하게 됐다. 그때 한국에서 목회학 박사 과정을 하는 많은 목사님들이 참석했다. 그날 이후로 영어를 잘한다는 오해가 생겼다.

졸업 후 휘튼 지역의 어느 교회에서 지내는 동안 성령의 역사들이 일어났다. 그때 고교 동창인 김광수 박사(하버드대학교)를 알게 됐다. 훗날 그는 우리나라 줄기세포 권위자로 알려졌다. 그를 통하여 미국에 우리 가족이 두 번이나 초대받은 기억이 난다. 그 친구 덕에 여러 좋은 분들과 만나며 교회에서 설교도 했다. 어느 장로님은 내가 미국에서 목회하면 수많은 성도들이 모일 것이라고 치켜세웠다. 그 친구가 보스톤으로 옮겨 가며 어느 교회를 추천했다(그 친구는 기둥같이 교회를 섬기게 되었고 장로 임직도 받았다). 하지만 그 교회가 내적인 분쟁이 일어나면서 미르선교회를 후원하던 손길도 멈췄다. 또 뉴욕, 뉴저지에 가면 가족처럼 우리를 돕는 오대석 목사와 지금까지 동역하고 있다. 그는 신대원 동기요, 새하늘선교회 멤버요, 고척교회 사역자 출신이다. 우리 큰아이와 작은아이 유학 시절에도 많은 도움을 받았다. 주께서는 때로는 기적같이 때로는 성실하게 인도하신다.

### 3. 중국이냐 러시아냐

성령을 경험하고 나니 일단 모든 것을 주께 맡겨야 한다고 생각했다. 주께서 선교사로 보내시면 그곳에서도 순종하여야 한다고 생각했다. 내 생각에는 선교사 체질이 아니지만(주께서는 약한 자를 사용하시니…) 주의 강권하심으로 시카고를 거쳐 한국에서 선교사 훈련을 받게 됐다. 그때에는 파송 교회가 미리 정해져 있지 않으면 훈련을 받을 수 없었다. 나는 스스로 파송 교회를 찾지 않겠다고 주님께 이야기했다. 주께서 정해주시지 않으면 목양을 하며 선교사들을 도우려던 원래 비전을 따르리라 생각했다. 주 후원교회가 이제 안 생겼으니 잘 됐다고 내심 안도하던 찰나, 선교 본부 임 총무님이 무조건 자기가 책임진다고 훈련을 받으라고 하셨다. 그리고 ○○교회 목사와 연길의 유두봉 목사와 셋이서 이미 결정했으니 ○○교회를 찾아가라고 했다.

기도할 때 영락교회 파송이 아니라는 사실이 조금 서운했다. 주께서 원하지 않으면 막아달라고 겁 없이 기도했다. 찾아갔더니 놀랍게도 담당 전도사가 만류하며 준비가 된 후에 자기 목사님을 만나라고 만류했다. 물론 지금도 내가 원하면 만날 수 있지만 그때는 기도했던 것이 생각나며 주께서 막으시는 사인이라고 여겼다. 그 후 서울 안디옥교회와 그 ○○교회가 동시에 파송하는 것으로 결정됐다. 어느 곳을 택하여야 하는지가 문제였다. 그때 서울 안디옥교회 목사님에게 전화가 왔다. 목사님은 내가 왜 중국에 가면 안 되는지 40분 동안 나를 설득하며 7-8년 후에 한국에 돌아와 목회하라고 권면했다. 이 시기에 큰 교회를 선택하면 평생 원망을 들을 것 같았다.

러시아 상트페테르부르크(구 레닌그라드)에 와 보니 이곳은 내게 가장 적절한 선교지였다. 이곳은 그야말로 영성이 자라가기에 매우 귀한 곳이었다. 디베랴교회와 미르선교회, '목양과 선교'에 헌신한 여러 러시아 선교사들, 외국 선교사들, 구소련 선교사들까지 만나는 은혜의 시간을 가졌다. 이들의 폭은 넓고 다양했다.

거룩한 직무: **영성 나래**

# Part 2

# 러시아 선교 단상

# 3장

## 갈망이냐 영광이냐

앞으로 나아가고 싶지만 날아가지 못하게 하고 발목 잡는 것이 무엇일까? 지나간 날들의 경험이나 추억에 너무 빠지는 것이다. 잊힌 이름이나 얼굴들, 만나보고 싶은 이들이 있을 것이다. 누구나 다 자신만의 혹은 자기 그룹의 잊을 수 없는 경험이 있기에 그것을 현재 만나는 이들과 나누기가 쉽지 않다.

그러기에 우리는 거꾸로 다른 이가 진심으로 이야기하면 경청할 필요가 있다. 다른 사람의 경험을 들어주면서, 주님이 무엇을 원하는지 생각하면서. 존경받는 김상복 목사는 중학교 때 6.25를 만나 가족들을 떠나 혼자 월남했었다. 부모를 떠나

누구하고도 이야기할 수 없었기에 하나님과 대화를 많이 했다고 한다. 나중에 몇십 년 지나고 나서 어머니를 만났다고 한다. 그는 요사이 'one woman ministry'를 한다고 한다. 나이 많은 그의 아내가 매우 아파서 자신이 주로 돌본다는 의미다. 그럼에도 여기저기 컨퍼런스 등에 강사로 세움을 받아서 다닌다.

20여 년 전에 감동적으로 읽었던 존 파이퍼의 『지상에서 가장 큰 기쁨』을 다시금 훑어본다. 오직 주님만이 지속적이며 진정한 새로운 기쁨을 주신다는 음성을 듣는다. 어거스틴과 루터와 칼빈이 누리고 찾은 기쁨을 서술한 내용이다.

1) 약점과 결함으로 인해 무력해지지 말라.
2) 죄와 싸우고 순종하면서 최상의 기쁨의 비밀을 배우라.
3) 초자연적인 변화는 그리스도의 신성한 말씀에서 그분을 볼 때 일어난다.
4) 그러므로 복음 진리를 연구하는 것을 즐거워하고 모든 사람들의 기쁨을 위해 그리스도의 영광을 알리자(4가지 결론에서 발췌).

"어두운 데서 빛이 비춰리라 하시던 그 하나님께서 예수 그리스도의 얼굴에 있는 하나님의 영광을 아는 빛을 우리 마음에 비춰 셨느니라"(고후 4:6).

주여! 오늘도 우리에게 주의 빛을 비추시고 주를 즐거워하며 새로운 날을 보내게 하소서.

1. 주의 기름 부은 자의 대가와 특권

"나의 기름 부은 자를 만지지 말며 나의 선지자를 상하지 말라"(시편 105:15).

이 땅에 살면서 귀한 영향력을 행사하는 사람들이 부러울 때가 있다. 그러나 오늘 말씀을 보면 하나님의 기름 부은 자가 얼마나 소중한지 나와 있다. 하나님께서 특별히 기름 부은 자라는 것은 하나님의 택하신 주의 종을 말씀하는 것이요 또 성령의 충만함을 입은 종을 말하는 것이다. 수많은 주의 종들 가운데 모세와 다윗을 생각할 수가 있다.

그들은 정치적인 지도자요 또 하나님과 아주 가까운 대화를 나누는 사람이요 또 시대를 내다보는 사람들이었다. 세상적인 지도자와는 근본적으로 다른 주의 선택이 있었다. 그런데 모세는 히브리서 3장에 보면 하나님의 집에서 사환으로 일을 했다. 즉 종으로 일을 했다. 그러나 예수 그리스도는 하나님의 집을 맡을 아들이다. 모세와 예수 그리스도는 비교할 수 없는 그 차이가 있다.

사도 바울도 신학자 중의 신학자요 선교사 중의 선교사요 목회자 중의 목회자로 평가받으나 예수님과 비교하면 그는 하나님의 택한 그릇에 불과하다. 그는 예수님과 식사도 한번 같이 못 하고 잠도 같이 자지 못한 어떻게 보면 외로운 종이지만 누구보다 예수님을 잘 알았고 예수가 그리스도이심을 선포했다. 그는 이 땅에서 죽음도 불사하고 하나님 나라와 복음을 전했다. 특히 복음이 그리스도라는 것을 그의 삶으로 입증했다.

"또한 모든 것을 해로 여김은 내 주 그리스도를 아는 지식이 가장 고상하기 때문이라"(빌 3:8).

마가복음 9장에 예수님이 그의 사랑하는 제자들과 함께 변화산에 올라갔을 때 갑자기 예수님과 모세와 엘리야가 나타났는데 베드로는 너무 놀라 초막 셋을 짓고자 했지만 둘은 사라지고 "이는 내 사랑하는 아들이요 기뻐하는 자니 너희는 예수의 말을 들으라"는 말씀 후에 예수님만 남으셨다. 사실 우리가 주님의 음성을 듣고 예수님을 만나면 모든 것에서 자유를 누리지만 여전히 사람의 생각에 얽매이기 쉬운 사역자임을 고백한다. 그 주님을 위하여 구별된 삶을 위해서는 대가를 지불해야 할 것이다. 또한 특권이 있는데 그것은 하나님께서 그들을 지켜 주신다는 것이다.

> "사람이 그들을 해하기를 용납지 아니하고 그들의 연고로 열왕을 꾸짖어 이르시기를 나의 기름 부은 자를 만지지 말며 나의 선지자를 상하지 말라"(시 105:14-15).

하나님께서 그들을 눈동자처럼 지켜주신다. 그러기에 우리들은 다른 종들과 경쟁과 어떤 갈등에서부터 벗어나서 지혜와 명철이 한이 없으시고 피곤치 아니하시는 하나님을 바라보아야 한다. 대체로 마음의 피곤이나 스트레스가 어디서 오는가? 다른 사람들과의 갈등이나 내가 하는 일이 잘 안 되어 낙심될 때가 아닌가?

영락교회 한경직 목사 설교에 대하여 누군가가 영락교회 「만남」지에 네 가지로 그 특성을 표현하다. 첫째, 성경적이고,

둘째, 그의 말씀과 삶이 일치되고, 셋째, 종말론적으로 오늘이 마지막인 것처럼 말씀하시고, 넷째, 학자나 어린이들도 쉽게 들을 수 있도록 말씀하신다는 것이다. 참 귀한 통찰이다. 한 가지 개인적으로 더 바란다면 성령의 기름 부음으로 말씀을 전파하고 싶다. 또 이전에 교육 전도사 시절에 모셨던 이연길 목사는 '이야기 설교'로 많이 알려져 있는데 그분이 「기독공보」에 연재한 설교에 대한 글 중에 몇 가지가 꽤 인상적이다. 첫째, 양식이 되는 설교로 이런 설교는 주로 대형 교회에서 찾을 수 있다. 둘째, 깨달음을 주는 설교, 셋째, 비전을 심어 주는 설교이다.

오래전에 선교 지향적인 교회를 목양하며 '이 세 가지를 아우를 수 있다면 얼마나 좋을까' 하는 생각을 품기도 했다. 한국에서도 지금껏 사상 문제로 서로 깊이 나누어져 있는 것을 보게 된다. 마침 저희 아버님 시대를 떠올려 보았더니(거제도 포로수용소, 대동아 전쟁, 일본 히로시마 원자폭탄……) 지금 시대만 그런 것이 아니다. 난리와 난리가 일어나고 소문이 무성한 때는 항상 있었다. 변하지 않는 것이 무엇인가? 역시 살아 계신 하나님, 이 땅의 실제로 오신 예수님, 또 십자가에서 죽으시고 부활하신 주님께서 보내 주신 성령님의 역사가 분명하다. 참 이해하기 어려운 현실적이지만 그럼에도 우리는 살아 계신 예수님과 만남이 가장 우선이 되어야 할 것이다. 또한 하나님의 선하시고 기뻐하시고 온전하신 뜻이 무엇인지 분별하라고 하였으니 날마다 주님과 동행하는 단순한 삶이 중요할 것이다.

## 2. 성령의 기쁨과 영적 분별력

독일의 유명한 바실레아 슐링크 여사가 쓴 책의 내용이 생각난다. "우리 하나님의 능력은 원자핵 또 방사능도 제어할 수 있다." 예수님은 뱀과 전갈을 밟으며 원수의 모든 능력을 제어할 권세를 주었다(눅 10:19). 원수는 사탄을 말하는 것인데 사탄의 모든 능력이 포함된다.

그때 예수님은 '이미 내가 보았다. 사단이 하늘로서 번개같이 떨어지는 것을 보았다' 하시면서 '내가 너희에게 뱀과 전갈을 밟으며 원수의 모든 능력을 제어할 권세를 주었으니 너희를 해할 자가 결단코 없으리라 그러나 귀신들이 너희에게 항복하는 것으로 기뻐하지 말고 너희 이름이 하늘에 기록된 것으로 기뻐하라'(눅 10:18-20 참조) 하셨다.

우리 주님께서 우리에게 새로운 차원의 기쁨을 말씀하시고 21절에 주님 자신도 성령으로 기뻐하셨다. 예수님께서는 남이 알지 못하는 성령의 기쁨이 있었다.

"그는 십자가를 앞에 두고서도 그 앞에 있는 즐거움을 위하여 부끄러움을 참으사 십자가를 개의치 아니하시더니 하나님 보좌 우편에 앉으셨느니라"(히 12:2).

그는 그의 앞에 있는 즐거움을 보았다. 수많은 하나님의 백성들이 죽음에서 자유롭게 되고 죄에서 벗어나 구원을 얻는 그 기쁨을 본 것이며, 하나님 아버지께서 원하는 것을 알게 되었기 때문에 주님은 그 힘든 십자가의 고난을 이겨내셨다. 우리 주님께서 이러한 거룩한 기쁨을 우리에게 나누어 주고 싶었다. 또 주님과 우리가 하나 될 때 이러한 기쁨이 우리 속에 일어난다. 하지만 종종 세상에 헛된 일에 시간을 보낼 때가 있고 관심을 보일 때가 있고, 하나님의 부르심보다 엉뚱한 일로 미움과 시기로 헛되게 보낼 때가 많다.

"회개하고 돌이켜 죄 사함을 받으리라 그리하면 유쾌하게 되는 날이 오리라"(행 3:19).

고려교회 안젤라 집사는, 10여 년 전에 안토니나 전도사 남편 게냐지 미하일로비치가 전도지가 담긴 교회 안내장을 줘서 보려고 하는데 갑자기 바람이 불어 그 종이가 강가에 떨어지는 바람에 오랫동안 교회를 나오지 못했다. 그러다가 어느 성탄절에 다시 초대받아서 그 장소를 찾게 되어 지금 이렇게 신앙생활을 열심히 한다. 주의 부르심의 때와 은혜가 놀랍다. 전에 팬데믹 코로나 기간에 대부분의 교회가 닫혀있을 때이다. 교회를 지키는 사람과 우리 성직자 몇 사람 외에는 나오지 못하게 되는 법이 정해졌을 때도 미르선교회 새벽기도회에 열심히 나왔다.

누구나 알고 보면 다 두려움이 있는데 역시 마지막 두려움은 죽음일 것이다.

"죽기를 무서워하므로 일생에 매여 종노릇 하는 모든 자들을 놓아주려 함이라"(히 2:15).

예수께서 이 땅에 육신을 입고 오신 것은 죽음을 통해서 죽음의 권세를 깨뜨리시고 죄에 종노릇 하는 우리 같은 이들을 살리기 위해서 오셨다. 예수를 믿는 순간은 내가 죽고 예수로 사는 것인데 이것은 나의 가치관을 버리는 것이다. 그리고 주님께 모든 것을 맡기고 주님이 나의 시간과 생명의 주님이시고 인도하시는 것인데 우리가 초점을 잃어버릴 때가 있다.

"한번 죽는 것은 정하신 것이요 그 후에는 심판이 있느니라"(히 9:27).

사실 지나간 날 하나님이 역사하신 그 놀라운 간증으로 머물 것이 아니라 오늘도 승리하면서 나가야 하는 과제가 있다. 영적 시각이 열리는 것인데, 이것은 한 번에 은사로 주시는 것이라기보다는 우리가 끊임없이 주님과 만나면서 연단을 받고 하나님의 뜻을 따라가면서 깨닫는 것이다. 이것에 누가 완전할 수 있을까.

어느 날 필리핀 선교 포럼에 초대받아서 참석하고 싶었지만 상황이 여의치 않아서 온라인으로 발제하게 됐다. 사실 내가 맡은 내용은 발제하기가 부담스러운 내용이었다. 마침 현장에 인터넷 문제가 생겨서 논찬하는 사람이 대신 내 원고를 전달해 주어서 감사했다. 그런데 어느 선교사가 그래도 줌(Zoom)으로라도 원래 내용을 발제해 달라고 강권했고, 생각지 않게 어느 분이 TV로 영상을 만들어 주었다. 역시 한번 시작한 것은 마무리하니 좋았다.

내 중심적으로 생각하는 게 다 죄인데 성령의 빛을 비춰야 그것을 알게 된다. 하나님과 우리 사이를 하나가 되게 하려고 하지만 중간에서 도와주는 분이 없다. 그래서 자기 팔로 구원을 해 놨는데 그분이 예수 그리스도이다. 의로 호심경을 삼으시고 구원을 머리에 쓰고(사 59:16-18 참조) 하나님 앞에서 우리가 말씀에 순종하면서 구할 그때에 주님이 바로 응답하겠다는 약속이다.

"네가 부를 때 나 여호와가 응답하겠고 네가 부르짖을 때에 내가 여기 있다 하리라"(사 58:9).

하지만 실제 우리의 삶은 생각지 않은 순간 사소한 유혹으로 나락에 빠진다. 오 주여! 심령 깊은 곳에 역사하소서. 믿음의 싸움을 담대히 마치고 쉬는 순간에 주의 위로와 성령으로 쉬어야 하는 것을 알면서도 잠시 장난하다 말려든다… 얼마나 안타깝고 억울한가. 상상력의 은혜, 거룩한 즐거움에 머무르게 하소서.

우리가 하나님의 은혜를 깨달은 것을 마음으로 믿고 입술로 선포하는 게 중요하다. 민수기 6장에 아론의 축복 기도가 바로 이러하다. 하늘에 계신 하나님의 영이 내 안에 계시고 또 우리 안에 계시고 또 우리 옆에 계시고, 우리와 기도할 때도 위에서부터 내려오시고, 그래서 하나님의 성령으로 충만하면 모든 문제가 주님 앞에 올라가는 것이다. 주님 앞에 우리 이야기가 드려지는 것이고 내 필요한 것이 채워지게 되는 것이고 나를 공격하던 그 대적들이 원수들이 물러가게 되는 것이다. 끊임없이 우리를 괴롭히는 것은 우리 자기 자신의 의와 습관이다. 날마다 주님과 만나고 성령의 충만하심과 믿음으로 살아가는 것이 우리의 과제이다.

> "그리스도 예수의 사람들은 육체와 함께 그 정과 욕심을 십자가에 못 박았느니라"(갈 5:24).

### 불과 세미한 음성(왕상 19:11-12)

모세는 주의 영광을 보여 달라고 했다. 하나님은 그때 은혜와 긍휼로 응답하셨다. "내가 나의 모든 선한 형상을 네 앞으로 지나게 하고 여호와의 이름을 네 앞에 반포하리라 나는 은혜 줄 자에게 은혜를 주고 긍휼히 여길 자에게 긍휼을 베푸느니라…내 영광이 지날 때에 내가 너를 반석 틈에 두고 내가 지나도록 내 손으로 너를 덮었다가 손을 거두리니 네가 내 등을 볼 것이요 얼굴은 보지 못하리라"(출 33:19-23). 은혜와 긍휼 속에는 이미 하나님의 선하심과 그 이름과 영광이(얼굴 대신에 등을 보기에) 부분적이나마 포함되어 있다. 우리의 깨달음과 사역은 부분적이고 제한적이나 주의 영광이 지나간 것을 볼 수 있다.

2021년 10월 말 코로나 팬데믹 시기에 튀르키예 이스탄불에서 제21차 CIS(구소련) 한인 선교사 대회가 거의 기적적으로 열렸다. 나는 주의 긍휼로 제6차부터 계속 참가하고 대회를 책임진 적도 있고 그 이후에는 계속 자문위원(전 상임위원) 등으로 섬겨왔다. 이번에는 나 자신도 대회가 연기되기를 내심 바랐다. 그럼에도 우리 부부는 주의 강권하신 손길을 느꼈다. 역사적인 선교사 대회에서 폐회 예배 설교와 발제 사회, 총회 감사 등의 역할도 있었다. 국경을 가고 오면서 코로나 PCR 검사를 두 번이나 해야 했다.

디베랴교회에는 추수감사절, 성찬 예배 등 주일마다 축제가 이어졌다. 장요셉 선교사의 아내 나스쨔(러시아 여성)는 성찬식이 있는 주일에 부푼 배를 안고 고통이 오면 바로 병원에 가서 아이를 낳을 것이라고 했다. 예배 중에 믿음으로 함께 기도하기도 했다. 그런데 그날 밤중에 순산하여 딸 마리아를 낳았다

(이미 자녀가 둘이었다). 그 와중에 미르고려교회 20주년 감사 예배도 있었다. 그때 디베랴교회 출신 안토니나 전도사는 미르선교회 25년 역사와 더불어 고려교회 약사를 보고하고 공로상을 받았다. 돌이켜 보면 아슬아슬할 때가 많았다. 하지만 주의 은혜로 주의 영광이 임했다. 즉 주님의 동행하심이 있었다.

동역하던 한 선교사가 안식년을 선포하고 그의 아픈 아내와 시간을 보내기 위해 러시아를 떠나며 자신의 일감 무언가를 임시로 내게 맡겨주었다. 한 20여 년 전 그의 승용차 사고 시 그의 가족과 함께 탄 우리 큰아들의 치아와 입술이 다쳐 피를 흘리는 모습이 떠오르며 아들의 숨은 상처가 스쳐갔다. 또한 미르선교회의 매우 어려웠던 시기도 생각났다. 위대한 믿음의 사람 엘리야도 우리와 성정이 같은 자로 묘사되고 있다(약 5:17). 그가 한 여인의 위협에 로뎀나무 아래에서 죽기를 간청하는 고백 등에 하나님의 오묘하고 신비한 대응이 놀랍다. 하나님은 그에게 떡과 물을 주시더니 마침내 세미한 소리로 응답하셨다. 이것이 바로 영적 분별력이다.

"여호와의 앞에 크고 강한 바람이 산을 가르고 바위를 부수나 바람 가운데 여호와께서 계시지 아니하며 바람 후에 지진이 있으나 지진 가운데도 여호와께서 계시지 아니하며 또 지진 후에 불이 있으나 불 가운데도 여호와께서 계시지 아니하더니 불 후에 세미한 소리가 있는지라"(왕상 19:11-12).

하지만 여러 말씀들을 종합하여 보면 우리에게는 불도 세미한 음성도 필요하다.

"나는 너희로 회개케 하기 위하여 물로 세례를 주거니와 내 뒤에 오시는 이는 나보다 능력이 많으시니 나는 그의 신을 들기도 감당치 못하겠노라 그는 성령과 불로 너희에게 세례를 주실 것이요"(마 3:11).

### 3. 나는 내 영광을 다른 이에게 주지 아니한다(사 42:8)

2021년 7월 영락교회에서 열린 대한예수교장로회 통합(PCK) 세계선교대회 및 정기 총회를 놀라운 은총으로 마치게 됐다. 한 2년 전인가 교단 총회를 영락교회에서 하기로 했다가 장소가 포항으로 옮겨졌을 때 영락교회가 모교회인 내게는 마음에 아쉬움이 있었다. 그때 주님께 마음의 묵상 중 언젠가 영락교회에서 '교단 파송 선교사 대회'를 하면 좋겠다는 생각을 드린 적이 있다. 코로나 팬데믹, 숙소 등으로 인해 제약이 많았었다.

그런데 포항 한동대에서 하려고 했던 선교 대회가 우여곡절 끝에 영락교회에서 열리게 된 것이다. 참으로 놀랍고 오묘한 주의 손길이었다. 당시 방역은 2단계였으나 행정처와 선교부가 서로 조율하는 데 여러분들이 수고했다. 여전도회와 선교부, 음악부, 음향팀 식구들의 희생적인 섬김은 감동적이었다. 처음에는 식당에서 물도 마실 수 없는 형편이었으나, 결국 나란히 앞을 보며 앉아 도시락을 먹으며 대면/비대면으로 함께 진행했다. 공교롭게도 대회를 마친 후 며칠이 지나 수도권의 대응 단계가 4단계로 바뀌었다.

*"온 율법은 네 이웃 사랑하기를 네 몸 같이 하라 하신 말씀에 이루었나니 만일 서로 물고 먹으면 피차 멸망할까 조심하라"(갈 5:14-15). 다른 형제나 주의 종을 비판하는 것은 위험하다. 사랑을 위한 진정한 자유의 길을 가려면 '자유와 사랑과 영광'의 깊은 함수 관계를 알아야 된다. "헛된 영광을 구하여 서로 격동하고 서로 투기하지 말찌니라"(갈 5:24-26).*

알게 모르게 몸에 붙은 애착과 집착과 미련, 헛된 갈망과 영광들이 우리를 몰아간다. 팀 켈러가 어느 분의 말을 인용하면서 '헛된 영광이란 타인의 인정과 동의를 간절히 구하는 것, 즉 자신을 증명하고 싶은 것'이라고 말한다. 절묘한 묘사이다. 나 자신도 모르게 또 주위의 분위기가 그렇게 가고 있다. 주여! 마음의 동기를 정결케 하소서! 하나님이 나를 지으신 목적과 그의 계획에 초점을 맞출 때 헛된 영광으로부터 자유로워진다. "무릇 내 이름으로 일컫는 자 곧 내가 내 영광을 위하여 창조한 자를 오게 하라 그들을 내가 지었고 만들었느니라"(사 43:7).

### 겸손과 여호와를 경외함의 보상

미르선교회 새벽기도회에서 파벨 목사가 잠언 22장을 전했다.

"겸손과 여호와를 경외함의 보상은 재물과 영광과 생명이니라"(잠 22:4).

파벨 목사는 오래전에 미르신학교에서 부부가 같이 공부를 하고 졸업도 같이 했다. 러시아 디베랴교회가 어려울 때 후임자를 찾고 있었는데 그때 지마 목사가 파벨 목사를 추천했다. 그는 그때 좀 먼 지역에서 가정교회를 하고 있었다. 그가 우리 디베랴교회에서 한두 번 예배를 드렸다. 그런데 그를 후임자로 세우기에는 한두 가지 문제가 걸렸다. 그러는 동안 러시아에서 팬데믹이 생겼고 디베랴교회는 그 이후에 생동하게 됐다. 나중에 보니 미국 선교사인 블레이크 퍼셀(Blake Percell)이라는 목사가 그를 자기네 교회 후임자로 세운 것이다. 놀랍게도 그 선교사는 나와 러시아 선교 초기부터 서로 알고 지낸 사이였는데 그 교회는 우리 디베랴교회와 함께 성당을 빌려서 예배드렸다. 그런데 늘 그의 교회가 좀 더 많이 모인 것 같다.

그러다가 국제 기도학교 이사회 모임에서 이사장인 줄리(Julie)라는 선교사가 나하고 개인적으로 대화를 하다가 무슨 문제가 없느냐고 물었다. 그때 나는 우리 디베랴교회가 성당에서 예배드리는데, 블레이크 선교사가 섬기는 그 교회가 조금 신경이 쓰인다고 했더니, 그 줄리는 우스갯소리로 하는 말이 발로 그 선교사를 쫓아내라고 했다. 싱겁지만 그때 그 말을 외국인으로부터 들으니 위로가 되었다. 그런데 나중에 보니까 그 성당이 전체적인 수리에 들어가서 그 교회도 우리 교회도 다른 곳을 찾게 됐다. 그런데 바로 그 미국 선교사가 섬기는 그 귀한 교회의 후임자로 파벨 목사가 선택받았다니 놀라운 손길에 감탄하게 됐다. 새로운 대대적인 수리하는 일부터 해서 그 교회 헌당 예배에 내가 초대를 받아 가기도 했다. 참 하나님의 섭리는 너무나 크고 오묘하다. 어떻게 그 파벨 목사가 개혁교회 대표적인 그 교회에 후임 목사로 선택을 받을 줄은 누가 알았으랴.

또 생각나는 러시아 목사가 있는데 그는 수호롭 세르게이 목사다. 그의 아버지는 부흥사로 여러 교회를 섬기다가 중국에서 갑자기 세상을 떠났다. 지금 그 수호롭 세르게이 목사도 이 지역 루터 교회의 감독이 됐다. 한때 그를 우리 디베랴교회 후임자로 생각해 본 적도 있다. 그런데 정중하게 그가 거절했다.

## 이스라엘이여 너는 행복자로다

모세의 마지막 축복의 말씀이 기억난다. 그는 120세의 임박한 죽음을 앞두고 이스라엘 백성들을 축복하다가 결론적으로 "이스라엘이여 너는 행복자로다"(신 33:29 참조)라고 말했다.

왜 우리가 행복자인가? 여호와의 구원을 너같이 얻은 백성이 누구냐? 하나님께서 처음 아담과 하와를 지으시고 심히 기뻐하셨다. 아담도 얼마나 놀라웠을까? 그런데 얼마 안 돼서 그의 큰아들 가인이 둘째 아벨을 죽인 사건을 경험하고 그들의 마음은 어떠했을까? 결국은 이 땅의 죄악은 끝도 없고, 사건은 터지고 문제는 계속 생기고, 우리는 평화를 원하지만 예기치 않는 일들이 많이 벌어진다. 그럼에도 불구하고 하나님은 한 사람을 부르시고 택하시고 순종하게 하면서 하나님 나라의 역사를 이루어 가는 모습을 보게 된다. 하나님께서는 우리의 죄 문제를 해결하려고 우리 주 예수 그리스도를 보내셨다. 이미 주님은 그 아픔을 다 담당하셨다. 우리의 죄악보다 하나님의 사랑은 측량할 수 없이 더 크다.

아프리카 나이지리아로부터 코케라는 형제가 한 6개월 전에 갈랴 전도사를 만나서 디베랴교회에 왔다. 그런데 그가 어느 날 서류가 문제가 생겨 세 든 집에서 쫓겨나 갈 데가 없어서 미르선교회에서도 하룻밤을 지냈는데 큰일이었다. 알고 봤더니 비자도 이미 끝난 지 1년이 넘었다. 아마 러시아에서 유럽 축구 대회를 관람하러 왔을 때 눌러 남은 것 같다. 러시아 말을 배우려고 하는 것도 아니고 러시아 여자와 결혼하려고 왔다고 한다. 그래서 또 다른 아프리카 형제 보르크 전도사와 갈랴 전도사와 세 명이 같이 기도했다.

생각지 않게 코케 형제는 구세군 회관에서 일주일간 잠을 잘 수 있게 되었고, 집 없는 사람들을 위한 단체에서 90일간 체류할 수 있는 서류를 만들어 주었다. 본래 코케 형제를 신뢰치 않던 보르크와 갈랴 전도사가 자신의 일처럼 뛰었다. 이런 일들을 보면서 우리 하나님께서 살아계시고 우리 영광의 칼이요 우리를 돕는 방패가 되신다는 말씀들이 새롭게 다가왔다. 모세는 광야 40년 동안 하나님의 인도하심과 하나님 앞에 선 인간들의 연약함을 누구보다도 잘 목도하고 경험했을 것이다.

누가 통독 성경을 보내주어서 옛날 성경과 새로운 번역 성경, 영어 성경 이런 것들을 함께 참조하게 되었다. 하나님께서 어떻게 말씀하시는지를 새롭게 보게 된다. 우리 주님께서는 치료하시는 방법도 다양하게 하신다. 어떨 때는 그들의 믿음을 보시고 치유할 때도 있고 또 그냥 불쌍히 여기셔서 치료해 주시고, 어떤 경우는 그 소경 된 자의 손을 붙잡고 마을 밖으로 데리고 나가시고(막 8:23) 어떨 때는 단순히 말씀으로만 치유하실 때도 있다.

### 사랑은 여기에 있으니

> "우리가 주목하는 것은 보이는 것이 아니요 보이지 않는 것이니 보이는 것은 잠깐이요 보이지 않는 것은 영원함이라"(고후 4:18).

어떻게 보이지 않는 것에 주목하며 살 수 있을까. 하나님은 살아계시지만 눈으로 볼 수는 없다.

어제 어느 권사로부터 교회 건물 짓는 대신에 현지인 두 명을 돕겠다는 어느 선교사가 우리가 아끼는 갈랴 전도사에게 이미 조금 전 이달 장학금을 전달했다고 한다. 한 2주 전에 그 소식을 듣고 기뻐했지만 그 선교사가 한 달간 출장을 가기에 언제나 그 일이 이루어지려나 했는데, 어제 눈에 보이는 것이다. 그리스도 안에 모든 지혜와 지식의 보화가 있다고 말씀하시고, 또한 가장 좋은 은사와 온전한 선물이 다 주님께 있다고 하신다. 그럼에도 우리는 사람의 소식이나 어떤 상황을 볼 때 눈에 보이는 것을 의지하기 쉽다. 그러나 예수님은 "보지 못하고 믿는 자가 복이 있도다"(요 20:29 참조)라고 말씀하셨다.

일본의 미우라 아야꼬 여사가 『길은 여기에』라는 저명한 작품을 썼는데 나는 갑자기 "사랑은 여기에"라는 글귀가 떠오른다. 알고 보면 나를 비롯하여 많은 사람들이 사랑을 받으려고 목말라 하고, 더 인정을 받고 싶어 하고, 더 사랑을 받고 싶어서 아우성이다. 그러나 주님은 요한일서 4장 10절에 "사랑은 여기 있으니…하나님께서 화목제물로 그 아들을 보내셨다"라고 말씀하신다. 또 그가 먼저 우리를 사랑하셨다고 한다. 보이지 않지만 믿음의 문제다. 이주민 선교를 하는 누군가는 감동받을 때까지 현지인을 사랑하라고 한다. 이주민들이 한국의 근로자로 왔지만 그들을 진심으로 사랑했더니 돌아갈 때는 선교사로 간다고 한다. 눈에 보이지 않는 것이 더 귀하다.

"보이는 것은 잠깐이요 보이지 않는 것은 영원함이라"(고후 4:18).

지나가는 시절 지우고 싶었던 일이나 안타까운 사건, 빗나간 아슬하고 엄청난 기대, 이해하기 어려운 사연, 엇갈리는 소원 등 무엇보다도 죄악에 굴복했던 허무함 등 이 모든 것도 사실은 주의 손 안에서 일어난 것이다(에벤에셀). 측량할 수 없는 경륜 가운데 우리의 성품을 주의 모습 닮게 하는 등 주의 선한 뜻을 이루는 데 쓰임 받는다. 그러기에 주를 신뢰하면서 감사를 배우고, 자주 반복되는 상처의 기억, 잠재의식의 모든 숨은 의식에서 자유케 하소서. 성령이여, 깊이 우리의 심령에 빛을 비추시고 보혈로 우리의 심령을 덮으소서.

# 4장

# 날마다 우리의 짐을 지시는 그리스도

하나님은 스스로 계신 분이다.

"만물이 주에게서 나오고 주로 말미암고 주께로 돌아가느니라 그에게 영광이 세세에 있을지어다"(롬 11:36).

왜 우리가 맡기지 못하는가? 하나님을 아직도 잘 모르고 맛보아 아는 것이 부족해서 그렇다. 또한 육신의 욕망이 그것을 막는다. 영적 전투가 있다. 그런데 우리의 삶에 일어나는 일들에 정말 주께서 관여하고 주께서 아실까?

어느 두 형제 간의 갈등이 거의 10여 년 이상 지나도 풀지 않는 것 같아서 안타까울 때였다. 갑자기 아내와 저녁 식사 할 때에 그 문제를 주께 맡기라는 사인을 들었다. '그렇구나, 바로 그러한 문제들을 주께 맡겨야 한다.' 그랬더니 다음날 약간의 표징 같은 소식이 그 형제로부터 왔다. 거의 25년 이상을 함께 사역해 온 어느 동역자가 몇 년간이나 어느 모임에 발을 끊었다. 그의 관점도 나름 일리가 있었기에 그 모임으로 회복시키는 것이 상당히 어려웠다. 왜냐하면 그 모임의 리더들도 완강하고 보편적인 관점들을 가지고 있었기 때문이다. 그런데 주께 맡겼더니 놀랍고 덕스럽게 복귀했다. 물론 많은 이들의 수고가 있었다.

그러면 우리가 할 일은 무엇인가? 1) 찬양하고 감사하고, 2) 그럼에도 어려운 일은 성령으로 탄식하고 간구하고, 3) 말씀으로 묵상하며 기도하고 선포하고 4) 그런 후에 주께 맡기고 누리고 쉬고 계속 주와 동행하면 된다.

### 1. 성령의 탄식 기도

어느 날 여자 선교사 사모님들 셋이 힘들게 약속 장소를 맞추어 만났다가 늦게 집에 돌아왔다. 그런데 그들이 주고받은 이야기를 내 아내로부터 듣고 나니 얼마나 스트레스가 쌓이고 마음이 복잡한지 모른다. 우리 상트페테르부르크와 미르선교회와 관련된 일들을 서로 주고받은 것이다. 그때에 성령의 탄식 기도를 드리게 됐다. 놀랍게도 성령은 그들의 이야기 속에 숨어 있는 상처들을 보여주셨고 그럴 때에 짐들이 주님께 다 넘어가게 됐다. 내 힘으로 기도하는 데는 한계가 있다. 성령께서 보여주시고 무의식이나 우리의 잠재의식까지 비춰 줘서, 우리의 문제가 무엇인지 보여주신다. 우리는 인정을 받고 싶어 하고 또 인정이 필요하다.

갈랴 전도사가 여름에 커피 식당에서 아르바이트를 한다. 그는 가을에 신학교 새로운 학기를 준비해야 하는데 나는 마음이 좀 답답하다. 무엇이든지 시작할 때 간단히 되는 일이 쉽지 않는데, 송이골 목사가 실력이 있고 강의를 잘한다 하더라도, 광고를 해야 하고 또 줌(Zoom)으로 수업을 새로 시작하는 일은 쉬운 일이 아닐 텐데……. 내 힘으로 어쩔 수 없다(선교지에서 현지인들이 움직여 줘야 하기 때문에). 이때 성령의 탄식 기도로 어떤 사역 자체보다도 현지인을 사랑하고 그들을 하나님이 축복하도록 기도하는 일이 중요하다고 깨닫는다. 각자가 다 하나님의 독특한 은사와 역할이 있는데 어떻게 혼자 할 것은 혼자 하고 협력할 것은 어떻게 협력하느냐 하는, 이것이 늘 과제다.

"믿음의 분량대로 지혜롭게 생각하라"(롬 12:3).

우리가 말씀을 전하거나 받을 때에도 이 세대의 가치관이 숨어 있을 수 있다. 그러기에 씁쓸한 생각이 들어온다. 하루에도 얼마나 많은 생각이 흘러가고 있는가?

"육신의 생각은 사망이요 성령의 생각은 생명과 평안이라"(롬 8:6).

성령께서 오시면 그가 모든 진리 가운데로 인도해 주시고 주님의 말씀을 생각나게 하시고 깨닫게 하신다.

"내 생각은 너의 생각과 다르며 내 길은 너의 길과 다르다. 하늘이 땅보다 높음 같이 하나님의 생각은 높다"(사 55:8-9 참조).

이것은 우리의 고정 관념에서 벗어나라는 것이다. 내가 주님의 은혜를 입고 주의 종이 된 것도 하나님의 생각이다. 또 목사요 러시아 선교사로 온 것도 놀랍다. 내게 가장 귀한 것이 무엇인가? 예수님의 생명과 예수님의 사랑이다. 이것이 날마다 필요하다. 이것이 핵심 가치다. 그분은 내가 필요로 하는 모든 것이 되신다. 귀를 기울이면 하나님 말씀과 믿음의 형제들을 통하여 대부분 답이 온다. 모든 것을 하나님께 감사하는 것이 얼마나 어려울까. 그러나 부분적으로 감사하는 것이 더 어려울 수도 있다. 하나님의 절대 주권을 믿을진대 합력하여 선을 이루시는 그분의 손길을 느낄 때 감사하고 다 주의 손에 올려 드린다(시 103:1-5 참조).

이것이 성령의 날개다. 내 영혼의 그 깊은 데서 맑은 가락이 울려난다. 우리 영혼의 고귀함과 그 깊이와 그의 측량할 수 없는 존귀함을 누가 알리요. 예수께서는 십자가에 죽으시고 부활하셨고 제자들을 택하고 사랑하셨다. 그러나 그 이후에 제자들이 복음서를 쓰고 또 한 번도 만나지 못했던 사도 바울이 성경의 편지를 써서 이것이 정경이 되고 성경이 된 것이다.

> "하나님이 자기를 사랑하는 자들을 위하여 예비하신 모든 것은 눈으로 보지 못하고 귀로 듣지 못하고 사람의 마음으로 생각하지 못했다"(고전 2:9).

하나님이 귀한 것을 예비하셨지만 이것을 알 수가 없다는 것이다. 이것이 바로 우리의 딜레마다. 그러나 예수께서 오셨고 예수께서 성령을 약속하셨기에 우리는 구하기만 하고 겸손히 주께 물어보면 주님이 인도해 주신다.

어느 믿음의 친구는 찬송을 잘 부른다. 찬송을 부를 때에 전문가로 온 힘을 다하여 부른다. 또 어느 친구는 러시아 말을 잘 못해도 기타를 치고 찬양할 때는 러시아 말로 잘한다. 우리 동역자들이 잘하는 것을 볼 때 하나님께 감사와 찬송을 드리지 않을 수 없다. 우리 시니어 선교사들과 세계 곳곳에 있는 선교사들에게 이미 임하신 하나님의 역사들은 말할 것도 없이 놀랍다. 오병이어의 기적이 실제로 일어나고 있다. 하나님은 우리에게 영원을 사모하는 마음을 주셨기에 여전히 목마르고 부족하다. 부족하나 성령의 임재 순간을 비교적 사모하는 편이다.

## 사랑으로 역사하는 믿음

역대상을 읽어 가던 중 다윗의 세 장수가 죽음을 무릅쓰고 다윗의 목마름을 해결하려고 물을 구해 왔다는 본문을 읽었다. 다윗이 그것을 알고 나서 먹을 수가 없었다. 부하들이 생명의 위험을 무릅쓰고 떠온 물을 내가 어떻게 먹을까…. 하나님께서 사울을 폐하시고 다윗을 세웠다. 주께서 세우고 허는 권능이 있다. 목자의 삶은 귀하다. 성도들의 영혼을 위하여 봉사하는 그들에게 어찌 어려움이 없으리요? 우리는 다 몸을 입고 있다. 그리고 옛 육신의 소욕이 계속 지배하기에 뜻하지 않는 스트레스가 올 수 있다. 어떻게 자랑하지 아니하고 신실하게 주를 증거할 수 있을까? 짐을 맡기라고 하는데 어떻게 맡길까?

주님께 고백을 하는 훈련을 해야 된다. 지나친 고백이 아니라 정직한 고백이다. 복음의 놀라운 능력을 왜 사용하지 못하는가. 왜 누리지 못하는가. 아마도 자기를 의지하기 때문이다. 하나님이 귀하게 쓰는 종들마다 심각한 위기를 맞이할 때가 있다.

"이는 자기를 의지하지 말고 오직 죽은 자를 다시 살리신 하나님만 의지하게 하려 함이라"(고후 1:9).

그때마다 하나님이 귀한 동역자들을 만나게 해 주시고 또 감추시게 하신다. 갑자기 나타나서 만나다가 또 때가 되니 소식이 없다. 믿음의 길을 걷다 보면 동일한 믿음을 가지고 동일한 고난을 받는 형제들을 이해하게 되고 서로 힘을 합치게 된다. 내 영혼은 무엇을 기다리고 있는가, 어떤 소식을 받고 싶어 하는가?

"이 세상도, 그 정욕도 지나가되 오직 하나님의 뜻을 행하는 이는 영원히 거하느니라"(요일 2:17).

## 나는 실제로 믿는가

요한복음 14장 16절을 보면 "내가 아버지께 구하겠으니 그가 또 다른 보혜사를 너희에게 주사 영원토록 너희와 함께 있게 하리니"라고 말씀하신다. 어떨 때에는 은행 잔고로 조금 염려할 때가 있다. 그러나 빌립보서 4장 6절 "아무 것도 염려하지 말고 다만 모든 일에 기도와 간구로, 너희 구할 것을 감사함으로 하나님께 아뢰라"는 말씀을 믿고 기도한다. 그분은 내가 필요로 하는 모든 것이 되신다고 말씀하셨다. 왜냐하면 예수님은 생명의 떡이요 길이요 진리가 되시기 때문이다. 예수님은 양의 문이 되시고 우리의 에너지가 되신다. 예수님의 빛은 치유가 되고 생명이 되신다. 그런데 그분이 우리와 함께하시니 얼마나 감사한가.

미르수양관에 생각지 않는 일들이 터져서 사용하기가 쉽지 않았다. 속수무책이었지만 기도하였더니 여름에 고려교회가 중심이 되어 청소년 수양회를 일주일간 했다. 아이들만 27명, 교사들 포함하면 얼마나 많은 이들이 잠을 자고 먹고 마시고 은혜의 잔치가 벌어졌는지 모른다. 그런데 어느 날 지마 목사와 둘이서 수양관을 오고 갔다. 지하 식당에서 물이 조금 새고 있지 않은가. 몇 년 전 요셉 선교사의 아이디어로 물이 차고 넘치지 않도록 지하에 펌프 모터를 단 기억이 난다. 그런데 지마 목사가 칼을 들고 큰 물통을 자르고 새로운 모터로 갈아 끼는 모습을 보았다. 다시 선교 센터로 돌아오려고 하는데 나보고 수양관에서 기도하라고 하고 자기는 수양관 바깥에 또 하나 펌프를 갈아야 되기에 근처에 가서 모터를 사오겠다고 한다. 수양관에서 성경을 찾아보려는데 북한 형제들이 본 성경 교재가 있었다. 너무나 쉬운 내용이다. 그런데 갑자기 그 말씀이 내게 다가온다. 새로운 생명에 대한 내용들이다. 우리 안에 주님이 계시고 주님이 우리와 함께 하시는데 무엇을 염려하나?

한 2주간 목소리에 조금 이상이 생겼다. 이리나 목사한테 침도 한 번 맞았다. 어느 외국 목사가 생각이 났다. 그는 하나님이 귀하게 사용하는 분인데 2년 동안 목이 잠겨서 말을 못 했다는 그분의 이야기가 생각이 났다. 성령의 탄식 기도가 나왔다. 보통은 이해하기 어려운 형제들을 위해 기도하기가 쉽지 않은데 가만히 성령께 도움을 구하면 그들의 어릴 때 상처가 떠오른다. 아버지, 어머니 아니면 학교 다닐 때에 그 누구에게나 이야기할 수 없는 그 아픈 상처를 보여주신다. 그를 위해 성령으로 탄식하여 기도할 때 내 몸이 강건해지는 것을 경험한다. 내 속에서 찬송이 흘러나온다. 히브리 성경을 천 번이나 읽었다는 어느 목사의 책 속에 하나님께 맡긴다는 것은 바로 히브리 말로 '고엘'(goel)인데 이것은 하나님께 공을 던지는 것을 의미한다고 한다. 이제 공이 주님의 손 안에 있다.

미국에 있는 우리 큰아들 좋은이가 학위 과정을 마치고 8시간이나 떨어진 곳으로 이사를 해야 될 때이다. 그런데 당장 이사하는 게 아니고 몇 달 후에 이사를 해야 한다. 그래서 지금 있는 집에서 짐을 싸 어딘가에 맡기고 나서 한국을 다녀온 후 다시 버지니아로 돌아와서 다시 남동부로 새로운 숙소로 이사를 가는 일이었다. 짐을 최대한 줄여도 큰 가방으로 네다섯 개는 나온다. 미국의 좋은이 숙부가 도와준다고 했지만 말을 꺼내기 미안해 한다. 그런데 한국에 있는 동안에 버지니아의 김영기 장로가 택배로 그 큰 짐 네 개를 새로운 숙소로 보냈다고 한다. 하나님이 하신 것이다. 그런 것도 주님께 맡겨야 된다. 네 짐을 맡겨라. 너의 모든 행사를 맡겨라. 너의 모든 염려를 맡겨라. 성령의 인도함을 받는 길밖에 없다. 성령이여 오시옵소서 성령이여 빛을 비춰 주시고 맡기지 못하는 것들을 보여주시옵소서.

## 2. 하나님께 토스(Toss)하라

동대문 시장에서 패션복을 만들며 전 세계를 향하여 꿈을 펼치는 새하늘 루디아선교회 대표는 예전에 배구 선수였다. 하나님께 모든 문제들을 넘기라(토스하라)고 하더라. 그가 믿음의 어머니로 섬기는 보험업계의 대명사 권 권사 등과 매주 성경 공부를 하고 있다. 학창 시절 어려웠던 일도 쓰라린 생각도 스쳐간다.

고 3 시절 연탄가스를 마시고 쓰러진 생각도 난다. "지나간 일들은 이미 주의 뜻 가운데에서 일어난 것이다. 믿음으로 받아들여라." 어느 글이 생각난다. 성령이시여 우리의 과거에 역사하셔서 치유하소서!

어느 날 러시아 대사관에 그냥 갔더니 이미 예약된 어느 러시아 선교사가 나를 보더니 영상에서 보았다고 대화하며 놀랍게도 내 대신 비자 신청을 도와주었다(대행하던 러시아 비자 센타도 코로나로 영업을 중지하고, 온라인으로 한 주 후 예약했으나 그날까지 기다리는 것보다 일단 두드렸다). 모든 집착과 어리석음에서 벗어나 주의 생명과 사명의 길로 가게 하소서.

"만일 우리가 성령으로 살면 또한 성령으로 행할찌니"(갈 5:25).

하나님의 얼굴을 구하라

한국 방문 시 한 주간 늦추어 러시아에 돌아올 때이다. 튀르키에 항공을 타려고 짐들을 아슬아슬하게 부치고 공항에서 게이트 찾아가려다가 김성은 선교사가 어느 여자분을 보며 깜짝 놀라 인사하지 않는가. 그녀는 마스크를 써서 하마터면 못 알아볼 뻔했는데 바로 그 저명한 파키스탄 선교사의 사모였다(그는 몇 달 전 코로나19로 에어엠뷸런스를 타고 한국에 왔지만 끝내 하늘나라로 갔다). 그녀는 아랍 에미레이트 항공으로 파키스탄을 돌아서 간다고 하였다.

참 놀라운 만남이다. 한 주간을 늦추어 가기에 절묘한 만남이 이루어진 셈이다. 하나님의 얼굴을 보는 것 같았다. 그의 남편은 나와는 절친한 선교사요 서로 깊은 생각과 연약함도 나누는 몇 안 되는 동역자 중 하나이다. 세상 떠나기 두 달 전 서로 소통하였었다. 대합실에서 우리 부부와 짧지만 깊은 나눔의 시간을 가진 후 함께 기도할 때 피차에게 성령의 위로가 있었다.

"너희는 내 얼굴을 찾으라 하실 때에 내 마음이 주께 말하되 여호와여 내가 주의 얼굴을 찾으리이다 하였나이다"(시 27:8).

종종 느끼는데 나 자신부터 말씀을 몸에 온전히 이룬 후에 선포해야 되는데 영감이 오면 바로 앞서 전할 때가 많다. 하지만 그 후에라도 그 말씀대로 근접하여 나 자신부터 살게 되면 얼마나 감사한가.

키르기스스탄에서 온 이리나 전도사는 말씀 전하는 달란트가 있다. 그의 침술은 한의사인 아버지로부터 50년이나 전수받은 실력이다. 미르선교회에서도 한 주에 한 번 봉사하는데, 그의 남편 빅토르(전에 헬리콥터 조종사요 교수)는 디베랴교회가 자신의 마음속에 있기에 다른 교회는 안 간다고 했다. 최근 탈레반이 나라를 장악하자 자신의 제자인 아프가니스탄의 조종사가 100여 명을 이끌고 우즈벡으로 도망갔다고 한다.

때마침 갈랴 전도사는 미르신학교 예비 입학생과 또 여러 형제자매들과 캅카스 지역 단기 선교를 떠났다. 올가 집사와 함께 머무르다가 그가 코로나 감염으로 어려울 때에 한 주간 간호했다.

"내가 여호와께 청하였던 한 가지 일 곧 그것을 구하리니 곧 나로 내 생전에 여호와의 집에 거하여 여호와의 아름다움을 앙망하며 그 전에서 사모하게 하실 것이라"(시 27:4).

사도 바울의 생애 마지막 충고가 될 말씀이 눈에 들어왔다.

"나의 사랑하고 사모하는 형제들, 나의 기쁨이요 면류관인…이와 같이 주 안에 서라…주 안에서 같은 마음을 품으라…참으로 나와 멍에를 같이한 자…나의 동역자들을 도우라…주 안에서 항상 기뻐하라…너의 관용을 모든 사람에게 알게 하라"(빌 4:1-5).

중앙아시아에서 왕성히 사역하다가 러시아로 추방되어 한동안 몸이 아파서 힘든 어느 동역자가 자신의 큰아들이 장가간다고 덕담과 축복을 부탁해 왔다. 그에게 왠지 미안한 마음이 있었는데 그를 위해 기도하며 축복하고 여러 선교사들에게 대신 알릴 때 하늘의 평화가 내려왔다.

### 3. 홀로 인생의 마음을 아시는 주님

거룩한 주일, 하나님의 선하심과 인자하심을 찬양한다. 우리는 전하고 싶은 것도 있고 나누고 싶은 것도 있다. 들을 사람들도 또 듣고 싶은 것이 있을 것이다.

미국에 있는 어느 친구 목사가 몸이 당뇨로 오랜 시간 동안 힘들어하였으나, 최근에 상태가 많이 좋아지고 건강해지며 움직임도 빨라지는 것을 경험했다. 그 친구는 한 주에 한 번씩 가벼운 마라톤을 하는데, 혼자서는 결코 할 수 없으니까 매주 토요일에는 목회자들과 성도들이 함께 모여서 어느 정도 달리기를 한다. 비록 정식 마라톤은 아니지만, 결국은 각자가 뛰는 것이다. 뛰면서 성경 구절을 영어로 암송하며 뛴다고 한다.

우리 신앙생활도 함께 하는 것이 매우 중요하다. 그러나 결국은 각자가 하는 것이다. 많은 사람들이 그룹으로 함께 사역을 하지만, 우리 하나님은 홀로 인생의 마음을 아신다. 그러므로 주님께서 우리가 하는 일들에 칭찬을 아끼지 않으시고 상을 주실 것이다.

하나님은 분명히 살아계신다. 실제로 예수 그리스도를 중심으로 하늘과 땅의 모든 것을 통일하기 원하신다. 예수 그리스도의 이름 앞에서 모든 것들이 무릎을 꿇을 것이며, 입으로 예수 그리스도를 주님으로 시인하게 되어 하나님 아버지께 영광을 돌릴 그 날을 위해 모든 것들이 움직이고 있다.

우리는 대부분 깨달은 것들을 나누고 싶어한다. 유튜브, 책, 방송, 카카오톡 방 등을 통해 나누는데, 어떤 이야기는 많은 사람들에게 알려지는 반면에 어떤 좋은 글은 별로 알려지지 않는다. 그러나 이 모든 것들이 하나님의 선하심과 인자하심에 속해 있다는 것을 깨닫게 된다.

때로는 하나님께서 우리를 귀하게 사용하실 때 많은 사람들에게 영향력을 행사하고 싶어 하는 마음이 생길 때도 있다. 그러나 하나님께서는 우리의 일생을 보시고 주님의 성품으로 우리를 끊임없이 인도하시고 계신다. 어떤 특별한 능력을 갖기 위해 깊은 기도를 한 번 하면 얻을 수 있는 것도 아니고, 그렇다고 여러 번 기도하면 많은 능력을 받을 수도 있는 것도 아니지만, 결국은 주님의 오묘한 손길과 인도하심 속에서 우리가 자라난다. 그러므로 우리는 언제나 십자가를 가슴에 품고 예수 그리스도의 생명과 사랑이 얼마나 소중한지를 잊지 말아야 한다.

그리고 하나님께서 귀하게 사용하시는 분들도 어떻게 보면 연약한 면이 있다. 그렇지만 그분을 그냥 사랑하는 일이 나의 일이 되어야 한다. 성령의 기름 부음을 받고 싶은 것도 다 하나님께서 그분의 기준을 따라서 그 정도가 다른 것이라고 생각한다. 그래서 내 마음속에 있는 헛된 것들을 고백하고 주님을 마음 깊은 곳에서 찬양하며 감사하는 오늘이 되기를 원한다.

주께 미르총회를 위해 기도하다가 결국은 하나님의 오묘한 손길로 화평한 가운데 미르선교회 선교사들이 각각 보직을 맡게 되었다. 원래 정해진 내규가 있지만 생각지 않은 역사들도 있었다.

### 예수님이 모든 것을 갚으셨다(Jesus paid it all, All to him I owe)

결국은 나도 죄의 유혹에 넘어지는구나. 다시금 예수의 보혈을 의지한다. 그러면 한없는 용서를 받는다. 주께서는 우리의 죄악의 모든 짐을 갈보리에 옮겨 놓으셨다. 그것 때문에 자신이 고통을 당하고 결국은 죽으셨다. 결코 잊어서는 안 된다. 주께서 우리의 죄악을 담당하시는 것을 기억하며 성만찬 시 예수의 보혈을 의지하고 먹고 마셔야 한다. 특히 살아계신 주의 말씀으로 우리 이야기를 보게 된다. 성서 속에는 우리의 이야기도 들어있다. 더욱이 주의 은총으로 우리의 이야기 속에는 주님의 이야기가 흘러나온다.

조각조각으로 얼룩져 있고 나눠져 있는 이야기들을 그리스도가 우리 안에 들어오셔서 조화를 이루고 완성해 갈 것이다. '오, 주여!' 측량할 수 없는 은혜를 내 스스로 찬양한다. 그럴 때에 수많은 성도들이 함께 찬양하는 것을 보게 된다. 주여 우리의 눈과 마음이 늘 주를 바라보게 하소서. 이미 주께서 행하신 일, 오늘도 하시는 일, 내일도 하시는 일들을 바라본다. 나의 일을 내려놓고 모든 것을 주님께 맡기며(I surrender all to you).

대제사장도 자신의 연약함 때문에 백성을 위하여 뿐 아니라 자신을 위하여도 속죄제를 드린다(히 5장). 자기 자신의 연약함을 깨달은 사람이 남을 용납할 수 있다. 자신을 위해서도 남을 위해서도 죄의 용서를 위하여 기도하는 제사장이 영광의 직분이라 한다.

"이 존귀는 아무나 스스로 취하지 못하고…그리스도께서 대제사장 되심도 스스로 영광을 취하심이 아니요"(히 5:4-5).

### 잠잠히 하나님을 바라라(시 62편)

미디어 선교도 귀하나 사람의 피드백에 흔들리기 쉽다. 어느 목사의 위장병 소식을 자주 듣는다. 주께서 치료해 주실 것이란 믿음이 내게 있으나 그 과정이 간단치 않다. 주의 종들의 마음의 상처나 몸의 질병은 훨씬 복합적이고 신경성, 마음, 몸, 사역들이 중첩되어 있기에 치유의 시간이 오래 걸린다. 많은 주의 종들의 마음의 상처를 어떻게 할까? 주로 아픈 당사자가 직접 고백하고 호소하여야 한다. 그런데 기도회 시간에 그 이야기가 너무 길면 듣느라고 진이 빠진다. 주여! 우리의 모든 필요는 주께로부터 채움을 받고 주께 드리고 맡깁니다.

유진 피터슨의 『메시지 성경』에서 나눈다.

"전쟁은 역사에 늘 반복되는 일일 뿐 아직 종말의 징조는 아니다 (마 24:4-8).
그대로 견뎌라. 그것이 하나님께서 바라는 일이다. 끝까지 견뎌라.
지나친 과신이나 확신은 위험하다. 베드로 하염없이 울다(닭이 울자).
그분께 자신의 인생을 완전히 걸어야 할지 확신치 못하는 사람"(마 28:17).

누군가 팬을 만들거나 팬이 되는 것도 사람의 인정을 구하는 것과 관련이 있다. 베드로와 요한은 (자신에게 초점이 맞추어지지 않도록) 오직 예수의 이름과 그를 힘입은 믿음으로 나음을 강조하였다. 약 50년 전 위 고참으로부터 유격대 조교 훈련을 받는데 유격대장이 나타났다. 한 번만 은혜를 베푸시면 평생 그 은혜를 기억할 터이니 도와 달라고 간청했다. "나를 다른 부대 교육대 본부(서무병)로 보내주세요." 그의 대답이 "당장 보낼 수 있다. 그런데 네가 어떻게 군대에 오게 된 것을 아는데 이것을 이기지 못하면 장차 그 일도 어려울 것이네. 어떻게 하겠느냐?" 나의 답이 "그러면 그냥 유격대에 남겠습니다." 그날 이후로 전우 신문도 안 보고 운동하고 밥을 잘 먹고 생존에 온 정신을 쏟았다. 그랬더니 몸무게 58kg으로 강인한 체력이 됐다. 숙달된 조교가 되고 일명 '파도타기'는 나의 전공이 됐다. 보이지 않는 하나님의 은혜이다. 유격대 시절 대원들과 타던 앰뷸런스 차량이 고개에서 낭떠러지로 세 바퀴 구르다가 멈췄다. 아찔한 순간이었다. 그럼에도 살았다. 지금까지 지내온 것 주의 크신 은혜라.

우리에게 성경은 결국 한마디로 말하면 '하나님을 경외하라'이다. 우리는 사람이다. 우리는 한계가 있다. 그래서 성경 전체 초점은 우리를 죄악에서 건져 주시려고 예수께서 오실 것이고 또 오셨다이다.

특별히 에베소서 1장에서 3장까지 하시는 말씀은 그리스도 안에서의 복음 이야기, 즉 그리스도 안에서 우리 하나님이 우리를 축복하시고 그리스도 안에서 말할 수 없고 측량할 수 없는 복을 이미 주셨다는 것이다. 그중에 첫 번째가 죄를 용서받는 것이요 또한 성령으로 우리의 속사람이 강건해질 수 있다는 것이다. 또한 그리스도의 사랑의 넓이와 길이와 높이와 깊이가 어떠함을 깨달아 하나님의 충만하신 것으로 충만함을 입으라는 것이다.

에베소서 4장에서 6장까지는 그러면 우리의 이야기다. 이러한 주님의 말할 수 없는 사랑을 입은 사람은 어떻게 살아야 되는가? 부르심을 입은 모든 부름에 합당하게 행하여야 되는데 겸손과 온유로 하고 오래 참음으로 사랑 가운데 서로 용납하고 평안의 매는 줄로 성령이 하나 되게 하신 것을 힘써 지켜야 한다.

하나님이 다 그리스도를 머리로 하나가 되게 통일하려는 큰 원대한 계획이 있다. 교회도 다 주님의 몸이며, 그러기에 사도 바울은 교회 안에서와 그리스도 안에서 영원한 영광이 있을 것이라 말한다. 우리의 삶 속에 의미를 주시는 분은 예수 그리스도다.

갈랴 전도사가 생일 선물로 책꽂이와 스마트폰 촬영 받침대를 내게 주었다. 똑같은 성경 본문도 나의 영혼과 믿음과 성령의 역사하심에 따라 다르게 설교가 나온다. 요행이나 쉽게 대박 터지는 일은 기대치 않는 것이 나으리라.

그리스도를 위한 고난이냐, 나의 죄나 허물이나 부주의로 인한 고난이냐? 쉽게 알 수 있는 일이나 영적인 분별력이 필요하다. 죄들이 영육과 정신에 얼마나 무서운 영향을 미치는지, 어떠한 황폐를 가져오는지 죄의 심연, 모든 죄된 욕망이 지니는 본질과 의미를 알아야 한다.

때로는 놀라운 감동도 왜 오래가지 못하는가? 첫째, 말씀이 바탕이 되어야 하고, 둘째, 그 말씀이 마음에 심기고 말씀으로 뜻을 정하여야 한다.

우리를 힘들게 하는 이들은 알고 보면 하나님의 은혜를 깨달을 때 특별한 선물이고 보호요 예비하심이다. 주여, 빛을 비추소서!

자신도 모르게 자신의 의를 나타내거나 남을 가르치려는 동기가 있다.

# 5장

## 하나님의 부르심과 은사

### 1. 너도 별수 없네

　세월이 지나도 기억나는 말들이 있다. 한 40년 되었을 때인가. 삼풍백화점 옆에 여나유치원에서 새하늘선교회 모임이 매주 있었다. 그곳에 가다가 길에서 한 고등학교 동기 동창인 친구를 만났다. 이 친구는 중학교 시절에 매우 탁월한 학생이었고 고등학교 시절에는 방황을 하다가 뒤늦게 공부를 열심히 한 기억이 난다. 그는 안타깝게도 대학을 몇 번 떨어지고 삼수해서 같은 대학에 다닌 거 같다. 그런데 결국 사법 시험을 합격하고 우리나라의 저명한 법조계의 인사가 되었고 신문에도 그의 이름이 나온다.

그런데 이 친구를 길에서 만난 것이다. 우리 아버님 성묘할 때 용인의 서울공원 그곳에 그의 부친도 모셨다. 나는 우리 아버님의 소천으로 인하여 예수를 만났지만 그는 그렇지 못한 거 같다. 그런데 이 친구가 나에게 물어본다, 요새 무슨 일을 하냐고…. 그때만 해도 나는 럭키개발 건설회사에 다니고 있었다. 그랬더니 이 친구는 느닷없이 "너도 별수 없네." 이 말을 던진 것이다. 이 말 속에는 많은 의미가 있는 거 같다. 학창 시절 내 모습에는 뭔가 꿈이 있었고 나라와 민족에 대한 거창한 비전이 보였는데 지금 내 모습은 그렇지 않다는 뜻이다. 그러나 나는 예수를 만났고 광야를 거쳐 지금도 넓은 광야인 러시아에 있지만, 실로 예기치 않는 길을 걸어온 것이다. 그 이후에 다시 한번 나의 대학 동기 선후배들과 함께 그를 만난 기억이 난다.

### 말씀과 성령과 치유 사역

살아 있는 말씀이 선포되고 성령이 임하면 저절로 치유가 일어난다고 믿는다. 물론 모두가 치유받는 건 아닐 것이다. 그리고 그 치유받는 타이밍은 또 다를 것이다. 그럼에도 불구하고 이러한 믿음으로 말씀과 성령과 치유 사역을 계속해야 된다.

말라기 4장 2절에 '여호와를 경외하는 자는 치료하는 광선'을 비춰 주신다고 하셨다. 성령의 탄식 기도를 통하여 주님을 깊이 만날 수 있다. 많은 분들을 얼굴과 대화를 해보면 어딘가 아픈 것을 직감적으로 내가 느낄 수 있는데 그걸 말해 줄 수가 없다. 왜냐하면 그들이 그것을 알고 더 힘들 수가 있기 때문이다. 스스로 주님 앞에 나와서 함께 기도를 원하고 치유를 원할 때에 그것을 선포해야 된다. 로마서 12장 3절엔 "믿음의 분량대로 지혜롭게 생각하라."고 한다. 나 자신부터 나의 믿음의 분량을 크게 생각하기 쉽다. 내가 지금 감당해야 될 일이 있고 주님께 또 주님 안에 있는 다른 이에게 맡겨야 될 일이 있는데 내가 억지로 하고자 할 때 이것은 욕심이 되기가 쉽다.

하나님이 일하시는 방법이 독특하다. 우리가 말하기 전에 주님이 하시는 것을 바라보는 것이 중요하다. 주님께 맡기면 된다는 걸 알지만 어떻게 맡길까? 성령이 오셔야 된다는 것까지 아는데 어떻게 성령에게 부탁을 할 수 있을까. 먼저 성령이 우리 안에 계시다는 것을 믿어야 된다. 그리고 하나씩 성령께

물어 가면서 살아갈 때에 하나하나 성령을 의지하게 된다. 나는 감동을 받아 가지고 기도 제목을 보냈어도 다른 이들은 감동을 안 받을 수가 있고, 또 스스로 힘들기 때문에 답신이 오는 경우가 모두 다르다. 하나님이 내게 주신 믿음의 분량이 얼마일까? 이것을 누군가에게 이해하도록 해 줄 수 없고, 어떤 매뉴얼도 분명히 정해져 있는 것이 아니기 때문에 이러한 갈등이 계속 일어난다.

### 전에는 소경이었으나 이제는 본다

아내와 함께 쇼핑센터에 갔다. 나는 그 안에서 5바퀴를 돌며 걷는 운동을 했다. 아마 러시아 쇼핑센터에서 걷는 운동을 하는 사람은 없는 것 같다. 러시아 상트페테르부르크에는 가트 몰러(Gott Morrer)라는 선교사가 있다. 그는 캐나다 출신이지만 미국 장로교 선교사인데 러시아 초기 선교사들의 비자와 언어 공부하는 도움을 준 선교사다. 그가 운영하는 러시아 학교는 나라에서 인정을 받고 정부의 건물을 임대해서 사용하고 있었다. 그는 히브리어, 헬라어, 러시아어에 능통했다. 영어는 물론이고. 한국말은 나중에 한국 문화를 배우려고 관심을 가졌다. 그의 부인 류드밀라는 러시아인이다. 이 사람들은 큰 건물을 많이 갖고 있었다. 우리 미르한인교회에서 언제인가 송구영신 예배를 드릴 때에 그 홀을 빌린 기억이 나고 또 그의 집에는 게스트하우스를 함께 운영했다.

어느 날 가트 몰러 부인 류드밀라가 나에게 침대 같은 커다란 의자가 부서졌는데, 우리 한인 학생이 거기서 자서 그런 것이라며 물어내라고 했다. 결국 50달러를 지불한 기억이 난다. 그는 우리 미르선교회에 아마 처음 열렸던 세미나(1996년도)의 강사로 와서 인상적인 강의를 한 적도 있다. 그는 내 나이 또래지만 늘 수염을 길게 하고 있었다. 이 지역에서는 큰 건물을 사고팔고 하거나 큰 차량이 불에 타는 등 외국 선교사들의 독특한 고난이 이루 말할 수 없었다. 그러기에 그는 러시아 정서를 잘 아는 분이다.

언제 찾아가 보니 불과 몇 년 전 국제기독학교와 함께 건물을 사용하던 시절의 학교 모습이 아니었다. 러시아 기독학교와 국제기독학교(전 선교사 자녀 학교)와 더불어 건물을 사용할 때는 다소 불편했지만 상트페테르부르크 지역의 저명한 학교이었는데, 단순한 이슈나 관점의 차이 등으로 서로 헤어지고 나니 초라해 보인다(선교사 자녀 학교가 그 당시 쫓겨난 것으로 알려졌다). 러시아 선교의 풍성한 경험이 있는 가트 몰러 선교사(러시아인 아내)의 안타까운 심령을 한번 헤아려 보았다.

그런데 한 10여 년 전부터 그 선교사는 원인을 알 수 없는 병에 걸려 몸이 말라가고 거의 죽게 됐다. 우리 미르선교회가 그 집에서 세미나를 하고 있을 때 우리가 함께 그를 위하여 기도한 생각이 난다. 그리고 하나님의 은혜로 그가 살아났고 한국 문화를 배우려고 하고 한국 드라마를 즐긴다는 소문이 났었다. 그런데 올해 봄에 갑자기 하늘나라로 부름을 받았다. 그의 장례식에 몇몇 선교사들이 참석하였고 그 학교 졸업생들이 많이 모였다. 그 침례교회 원로 목사가 장례식을 집례하였는데, 순서 중에 나에게 조사를 하라고 했다. 그냥 러시아 말로 간결히 조사를 했다. 우리 늦둥이 종한이가 다니던 국제학교도 그의 건물에서 체육을 했는데, 그 건물에서 함께 우리 학생들이 지나던 시절이 스쳐갔다. 나는 국제학교에 이사들 중에 한국인 이사로 오랫동안 같이 학교를 운영해 왔다. 그 선교사의 좌우명은 "전에는 내가 소경이었으나 이제는 보았다"는 요한복음 9장 25절의 말씀이다(Once I was blind, Now I see).

## 2. 사랑의 빚진 자

한국의 심포니한의원이라고 있는데 워낙 침술과 수액 링거가 좋아서 불치병 환자들도 많이 낫는다는 소문이 자자했다.

다만 한 30분 치료를 받는데도 상당히 비싸게 느껴진다. 선교사들이나 목회자들에게는 많이 할인을 해 준다. 어느 날 아내가 그곳에 몇 번 다녀오면서 은혜를 입고 거저 치료를 받고 있었다. 그때 그 원장이 왜 남편도 같이 안 오느냐고 다음번에는 꼭 같이 오라고 했다. 그래서 나는 주의 은혜로 치료를 받게 됐다. 그때 한 20분간 누워서 무슨 생각을 했는가. 침술로 낫고 그 수액으로 낫는다면 하나님 말씀으로 넉넉히 나을 수 있겠다는 믿음이 더 새로워졌다.

> "하나님의 말씀은 살았고 운동력이 있어 좌우의 날선 어떤 검보다 예리하며 혼과 영과 관절과 골수를 찔러 쪼개기까지 하며 마음과 생각과 뜻을 감찰하나니"(히 4:12).

하나님의 말씀과 성령으로 예배드리고 주의 영이 임해서 우리 마음에 아픈 부분과 상처들을 예수의 보혈로 치료할 수 있다. 언젠가 이 땅에 귀한 분들을 강사로 모시고 이러한 세미나를 하고 싶다.

하나님께서 치료하시는 방법은 다양하다. 말씀과 성령으로, 침술과 의술로, 약으로 자연 요법으로 운동으로 이런 것들이 종합하여 하나님께 영광이 되고 주님의 치유가 일어나면 좋겠다. 우리 러시아에도 이리나 목사는 50년간이나 자기 아버지로부터 침술을 배웠고 또 말씀과 기도로 환자를 위하여 치료하는 달란트가 있다. 그때 누워 있는 동안 내게 감사한 분들 이름을 한 분 한 분 부르며 주님께 올려드렸다. 알고 보면 우리는 사랑의 빚진 자다.

"아무에게든지 사랑의 빚 외에는 빚을 지지 말라"(롬 13:8 참조).

한국에 왔을 때 어떤 분들은 공항까지 태워 주고 숙소를 제공해 주고 많은 기도와 사랑으로 우리를 인도하신다.

"너희가 보는 것을 보는 눈이 복되도다"(눅 10:23).

예수를 알아보고 하나님께서 예수에게 모든 것을 맡겼다는 것을 깨닫는 사람이 없다는 것이다. 영적 분별력을 말하는 것이요 영적 시각이 열리는 것이다. 우리는 때로 구체적인 요청을 할 필요가 있다. 그걸 통해서 하나님이 살아계심을 증거하고 더 깊이 이 땅에 주님 나라가 이루어지도록…. 우리가 함께 가능하면 성령의 인도함을 받아서 구할 때이다. 그러면 성령께서 주시는 기쁨과 우리 주님이 하실 일과 우리가 해야 될 역할들을 속에서 더욱 하나님이 우리를 자유롭게 해주시고 생명의 역사들이 일어날 것이다. 인간의 고통과 비극은 죄 때문에 오기 시작했다. 회복과 치유와 구원/새 창조는 예수의 십자가와 부활 때문에 가능하다. 그러기에 그의 탄생을 기뻐하게 된다.

"하나님의 부르심과 은사에는 후회하심이 없느니라"(롬 11:29).

선교사들과 주의 종들을 위한 기도를 주님이 기뻐하시는 것 같다. 이것은 나의 사명과 연결이 된다. 깊은 밤중에 자신도 모르게 원죄의 본성이 밀려왔다.

영락교회 고등부와 영어성경반, 동시에 예찬 문학 서클(어느 가톨릭 회관의 빈 방을 빌렸다)을 고등학교 1년 선배가 안내했다. 희한하게 나는 그때 예찬을 선택했다. 만약 그때 영락교회에 몸담았으면 다른 인생으로 인도되었을는지도(훗날 데모 주동도 안 하고 유격대도 안 가고…) 모른다.

"깊도다 하나님의 지혜와 지식의 부요함이여, 그의 판단은 측량치 못할 것이며 그의 길은 찾지 못할 것이로다"(롬 11:33).

## 예수를 믿는 것이 하나님의 일이다

어릴 적에 손으로 두들기는 대신에 말을 하면 글로 나오는 것을 꿈꾸었는데 이제 이것을 시행해본다. 심령이 가난한 자가 복이 있다고 하였는데 늘 자신의 약함과 한계를 알고 주님께 나아가는 것을 말하는 것이다.

오늘 『영성 고전 산책』이라는 오래된 책을 다시 보아도 한 사람 한 사람의 주님을 사랑하는 마음과 그 지혜들을 생각할 때 놀랍다. 우리에게 하루하루 주어진 날들 무엇을 선택할 것인가 무엇을 결정할 것인가, 우리 안에서 우리를 위하여 기도해 주시는 분 곧 주님과의 친밀함이 과제이다.

어느 토요일 날 신학교에서 목회 훈련 과정을 마치고 시내로부터 좀 떨어져 있는 미르수양관에서 개최하는 공동체 훈련을 위해 가는데, 마침 수양관에 최근 월동을 준비하려고 난방을 점검하다가 오히려 수도관들이 새는 바람에 난방이 임시로 멈춰 있는 상태였다. 누가 같이 갈지 분명치 않은 가운데 주요 사역자 중에 한 사람은 자기 어린 조카가 폐렴에 걸려서 갈 수가 없었고, 또 우리의 안젤라 집사도 아들이 열이 있다고 가지 못하고, 우리 간사인 갈라 전도사도 그 전날 몸이 아프고 목이 아프다고 연락이 왔다. 그런데 아내는 풍성하게 음식을 준비하고 있었고 지마 목사는 또 러시아 샤슬릭이라는 요리를 하기 위하여 고기를 사서 준비하고 있었다. 그런데 어렵게 우리가 그곳에 도착했더니 홀에 전기난로를 3대나 켜도 추웠고 지하실은 조금 따뜻하였다. 그런데 정말 러시아의 영화가 생각나듯이 우리는 다 코트를 입고 모자를 쓰고 강의를 듣고 밥을 먹으며 잊을 수 없는 특강, 사랑의 식탁을 대했다.

우리는 누구나 다 하나님의 일을 하고 싶어 하고 또 하나님의 일을 하고 있다. 그런데 예수님께서 놀라운 말씀을 했다. 요한복음 6장 29절에 '하나님의 보내신 자를 믿는 것이 하나님의 일'이라 한다. 한마디로 말해서 예수를 믿는 것이 하나님의 일이라고 단언한다. 어떻게 보면 너무 쉬운 일이고 또 어떻게 보면 추상적인데, 실제로 하나님이 크게 사용하시는 사람들을 보면 다른 일들 많이 한 게 아니라, 예수님의 그 구속의 은총을 본인이 믿고 말씀을 전하고 교회를 세우고 교회를 통하여 수만 가지 일들이 일어나는 것을 보게 된다. 또 어떤 분들은 선교회를 시작하고 또 무슨 단체를 통해서 헌신할 때 많은 선교 역사가 일어나는 것을 본다.

예수님은 모든 것을 아시는 분이요, 시편 139편에도 잘 나와 있듯이 그분은 내 몸의 형질도 알고 내 성향도 너무 잘 아시며 우리의 주님이 되어 주시고 날마다 우리와 동행하신다고 약속을 하셨는데 이게 사실 현실적으로 받아들이기가 쉽지 않다. 어떤 분에게는 쉬울 수도 있다. 다른 모든 것을 하는 게 너무 힘드니까 차라리 한 가지 주님의 음성에 초점을 맞추면 하나님께서 저절로 일을 이루어 가시니까.

"살리는 것은 영이요 육은 무익하니라 내가 너희에게 이른 말이 영이요 생명이니라"(요 6:63).

믿음으로 한 발자국 내딛는 것이 중요한데 그게 쉽지 않다. 하나님의 귀하게 쓰시는 분들을 보면 그 첫발을 어떻게 내딛고 계속 이어져서 정말 큰 나무가 이루어지고 그곳에서 어떻게 많은 이들이 쉼을 얻게 되는지 알게 된다. 재단이 세워지고 또 교회가 세워지고 선교 단체가 세워지고 선교사를 파송하고 또 어떤 이들은 믿음으로 정치 경제 예술 문화 각 방면에서 하나님의 인도하심을 따라 한 걸음을 내디뎠더니 계속 이어지고, 물론 중간중간 장애물도 만나지만 엄청난 일이 이루어진 것을 보게 된다. 그러다 보니까 어떤 이들에게는 마음의 상처, 몸에 병들 이런 것들이 이루어지는데, 그럼에도 불구하고 주의 종들이 온라인으로 또 대면하면서 함께 기도하는 모임들이 있으니 참 소중하다. 특히 주의 종들을 위한 치유 모임은 어떻게 보면 이것이 본질은 아니지만 큰 힘이 된다.

며칠 전에 갈랴 전도사, 요셉 선교사와 나 셋이 따로 모였는데, 갈랴 전도사는 자기는 서쪽에 있는데 멀리 동쪽에 있는 그 오빠 세르게이를 위해서 기도해 달라고 한다. 예전에 그 형제는 우리 집에서 한 열흘 지낸 적도 있다. 그는 마약과 관련해서 감옥에도 갔다 온 형제인데 회복되고 주의 일을 하다가 요새 다시 옛날 식성에 젖어 들어 여동생이 아침 금식을 하면서 기도 부탁을 하는 것이다.

각 사람에게 다 주님이 주신 믿음이 있고 주님이 일하신다는 것을 믿을 때 역사가 일어난다. 살아 계신 말씀이 선포되고 모인 주의 형제들 위에 성령의 임재와 주의 거룩함이 임할 때 우리 문제가 주께 올려지게 된다. 하나님께 맡기면 마음의 질병은 물론 몸의 아픈 부분도 깨끗이 치료를 받고 혹시 못 받더라도 하나님의 가시라고 보면 된다.

지나간 날을 보면 무슨 선교 대회를 준비할 때나 무슨 큰 행사를 할 때 모인 준비위원들이 모여서 기도할 때 하나님의 임재가 임하면 일은 저절로 되는 것을 목격하게 된다. 그런데 모여서 실제로 자연스럽게 기도하도록 하는 은사가 필요하다. 우리 주님께서 이 땅에 오셔서, 과거도 오늘도 미래도 모든 걸 아시는 하나님께서 우리 연약함을 친히 담당하시고 병을 짊어지셨다. 사도행전 10장 38절에서 '나사렛 예수에게 성령과 능력을 하나님이 기름 붓듯 하셨으며 저가 두루 다니며 착한 일을 행하시며 모든 눌린 자를 자유케 하셨다'고 한다. 참으로 기쁨의 좋은 소식을 위하여 이 땅에 주께서 이미 오셨는데 우리가 누리지 못하고 살아가는 것을 보면 안타깝다. 난리가 일어나는 이때에도 중요한 것은 한 생명이라도 영원히 예수를 만나는 일이 일어나고, 주를 만난 사람들은 더욱 성령으로 충만해서 하나님의 강한 손이 더욱 역사해 달라고 기도하고, 행동할 사람들은 행동을 한다는 것이다.

### 3. 몸도 하나요 성령도 하나이니

어떻게 삶이 변화되는 메시지를 전할 것인가? 이것이 늘 과제이다. 그런데 나 자신도 어느 부분은 잘 변화되지 않으며 허사로 될 때도 있다. 예수님의 제자들도 예수님과 같이 있으며 기적도 보고, 말씀도 직접 들었으나 그들도 안 변한 것 같다. 오직 예수의 십자가와 부활, 성령의 강림 이후에 다들 변했다.

예수님을 묵상하는 가운데 에베소서 3장 말씀이 떠오른다. 사도 바울의 기도다.

"각 족속에게 이름을 주신…그의 영광의 풍성함을 따라 그의 성령으로 말미암아 너희 속사람을 능력으로 강건하게 하시오며 …능히 모든 성도 함께 지식에 넘치는 그리스도의 사랑을 알고 그 넓이와 길이와 높이와 깊이가 어떠함을 깨달아 하나님의 모든 충만하신 것으로 너희에게 충만하게 하시기를 구하노라"(엡 3:14-19).

성령은 우리 안에서 일하시기 때문에 그분이 선교의 영이고 그분은 열방을 품는 분이시기에 성령으로 충만하면 저절로 전 세계로 향할 수밖에 없다. 미숙하더라도 주님께 맡기고 나 자신도 전 세계 선교를 위하여 각 나라와 족속을 위하여 기도를 하고 있다.

"우리 가운데 역사하시는 능력대로 우리가 구하거나 생각하는 모든 것에 더 넘치도록 능히 하실 이에게 교회 안에서와 그리스도 예수 안에서 영광이 대대로 영원 무궁하기를 원하노라 아멘"(엡 3:21-22).

물론 우리가 하고 있는 선교가 부분적이라는 것을 기억해야 된다. 그러면서 허황된 일에 빠지지 말고 그러면서도 전 세계에서 주님이 일하시는 모습과 네트워크를 이루려고 성령의 충만을 사모해야 한다. 나 자신도 영적 각성과 부흥이라는 모토를 수없이 부르짖고 오늘까지 살아왔다.

우리의 인간관계도 다양한 고비고비를 지나간다. 그때마다 하나님의 은혜가 필요하다. 아이레타 집사와 송이골 목사가 섬기는 '그리스도의 빛' 교회에서 말씀을 전하고 송이골 목사가 인도하는 성찬식에 참여하며 예배를 드렸다. 다시 예전과 같이 우리의 만남이 주의 은혜로 가까워지기 시작했다. 계속 그리스도 안에 머무르고 성령으로 말씀으로 살고 사랑하는 이것이 귀하지만 어려운 것이 사실이다. 그러기에 주의 종들을 불쌍히 여기고 위해서 기도해 주어야 한다. 진정한 사귐은 먼저 나 자신이 주님의 사랑을 새롭게 깨닫고 그 사랑 안에 머무를 때 가능하다.

### 은혜 위에 은혜러라

사도 바울은 자기 생애에서 하나님의 은혜를 가슴에 새기고 있다. 은혜가 무엇인가? 특히 하나님의 은혜는 무엇일까? 인간의 탁월함과 권능과 애씀과 노력과 지식으로 어떤 무엇으로도 얻을 수 없는 것을 우리는 하나님의 은혜로 얻었다고 한다. 이 세상에서는 탁월한 분들도 많이 있고 밤잠을 자지도 못하면서 수고하는 분들도 많이 있는데, 그것으로 얻을 수 있는 것도 있지만 그것으로 결코 얻을 수 없는 세계가 있는데, 이것을 우리는 하나님의 은혜라고 부른다. 다시 말하면 생명, 예수를 믿는 것, 그래서 다시 태어나는 것, 귀한 사람을 만나는 것, 살고 죽는 이 모든 것이 은혜 속에 있는 것이다.

구체적으로 말하면 우리가 구하는 것보다 생각하는 것보다 더 넘치도록 주시는 것이 은혜다. 사도 바울은 나의 나 된 것이 하나님의 은혜로 된 것임을 잊지 않고 있다. 우리가 도저히 생각할 수 없는 길이 열린 것이요, 내가 예수를 만난 것도 예수님을 믿는 것도 하나님의 종, 목사가 된 것도 특히 러시아 선교사로 파송을 받은 것도, 이번에 이렇게 한국에 나온 것도 하나님의 은혜다. 많은 분들이 이 은혜를 말하는데 몸으로 깨닫지 못하고 있다. 그러면서 자기가 애를 많이 썼다고 생각을 한다. 그런데 가만히 보면 하나님의 은혜가 우리 머리 위에 있고 우리의 발걸음을 인도해 주시고 우리의 마음과 생각을 인도해 주신다는 것을 깨닫게 된다. 이 은혜는 한번 일어나면 영원한 것이다.

"은혜 위에 은혜러라"(요 1:16).

그런데 은혜는 결국은 진리이신 예수 그리스도로 말미암아 온다. 모든 율법을 뛰어넘는 하나님의 사랑으로 우리 하나님께서 이미 죗값을 지불하시고 담당하셨기에 우리는 하나님의 은혜를 입으면 그 앞에 자유롭고, 구할수록 더 주님과 가까워지고 믿음이 자기 것이 된다. 그러기 위하여 하나님께서는 성령을 우리에게 보내 주신다고 약속을 하셨다. 하나님의 성령이 인도하시면 주의 임재 속에 들어갈 수 있다.

성경은 결국 한마디로 말하면 '하나님을 경외하라'이다. 우리는 사람이다. 우리는 한계가 있다. 그래서 성경 전체 초점은 우리를 죄악에서 건져 주시려고 예수께서 오실 것이고 또 오셨다는 말씀이다.

몸이 하나요 성령이 하나다. 이 부분은 성령에 대한 것이고, 주님도 믿음도 세례도 이 부분은 주님에 대한 것이다. 예수 그리스도도 하나님도 하나다. 만유 위에 또 만유를 통일하시고 만유 가운데 계셔서 성부 성자 성령에 대한 말씀인데, 결국 우리의 갈등과 우리의 고민과 염려가 대부분은 이기적이고 우리 하나님의 커다란 계획을 보지 못하기 때문에 오는 것이다.

이 마음속에 있는 본성은 하나님의 법에 굴복할 수도 없고 굴복하지도 않는다. 그래서 죄가 밀려오는 것이고 이 죄 문제를 해결할 사람이 아무도 없는데 우리 하나님께서 결국 그분의 원하는 대로 다 이루신다. 내가 막는다고 되는 게 아니다. 우리의 삶 속에 의미를 주는 분은 오직 예수 그리스도이시다.

하나님께서 모든 걸 다 아신다는 것을 정말 우리가 알면 얼마나 자유로울까. 사람의 인정이나 사람의 피드백으로부터 상당히 자유로울 수가 있고, 믿음으로 하나님을 기쁘시게만 하면 되는데, 실제 이것이 간단하지가 않다.

우리가 자주 성령으로 인도함을 받고 있지만 믿음 속에는 회의가 섞여 있게 마련이다. 여러 선교사들과 함께 공동으로 사역하는 것은 정말 어려운 것임을 고백한다. 우리 사람들이 서로 근본적으로 중요하게 생각하는 것이 다르기 때문이다. 그러면서도 25년 이상을 또 이렇게 지내 온 것이 하나님의 크신 은혜이기에 하나님께 감사한다.

거룩한 직무 **영성 나래**

# Part 3

# 러시아 선교와 영성 미션

# 6장

# 영성
# 선교

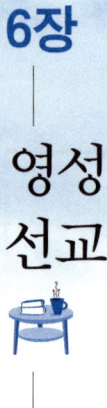

### 1. 영성 리더십과 선교

예수를 만나면 모든 것이 좁아지고 이전의 넓은 관계들이 끝나는 줄 알았다. 그런데 알고 보니 그리스도 안에서의 관계가 너무나 풍성하고 넓고 깊고 시공간을 초월하는 관계로 이어지고 있다. 허 세르게이 목사가 무슨 소식이 있다고 나한테 이야기를 했다. 그런데 좋은 소식이라기보다는 위험할 수 있는 소식이었는데, 게오르기 목사와 함께 컴퓨터를 보면서 우리 미르선교센터 주위에 큰 고속도로가 열린다고 한다. 상트페테르부르크와 모스크바를 연결하는 급행열차(약 2시간 반)를 의미하는 것 같다. 그런데 다음 날은 블라지슬라브 목사와 그의 부인 박 나타샤 사모가 두부를 팔려고 전해 줄 겸 미르선교센터에 왔다. 그런데 나타샤는 뉴스를 보았다고 하며 그 주소가 바로 우리 미르선교센터여서 매우 위험하다고 한다. 러시아는 어떤 결정이 이루어지면 며칠 사이에 그 관련된 건물을 철거하기 시작한다고 한다.

고등학교 시절 나에게 영향을 준 모임들이 있다면 '예찬 문학 클럽'이다. 경동고등학교와 수도여고 나중에는 정신여고가 들어왔다. 기독교 회관 등에서 일주일에 한 번씩 모이고 등사기를 돌리면서 회지를 만들었던 생각이 난다. 도서반 1학년 때 1학년 반장 선거를 한다는 소식을 들었다. 어느 날 우리 1학년들이 한 2-30명이 모여 우리끼리 반장을 뽑았다. 부족한 내가 반장으로 뽑혔다. 그런데 2학년들이 참관하지 않았기 때문에 무효가 됐다. 한 달 후에 다시 뽑는다고 한다. 한 달 후에 선거를 했는데 세 명의 후보자 중에 나도 들고 나의 친한 친구도 있었다. 나를 밀기로 한 나의 친한 친구가 뽑혔다. 그때 나는 왜 떨어졌을까 생각을 했다. 그 한 달 사이에 내가 인심을 잃은 것 같다. 아마 탁구나 운동 경기 같은 데서 지나치게 경쟁을 하고 자기를 내세운 것 같다. 그때 그 실패가 내게는 보약이 되었고 그 이후에 수많은 선거에서 도움이 됐다.

우수리스크에서 홍수가 나서 잘 아는 어느 선교사(새하늘선교회 출신)가 사진을 올렸다. 비가 너무 많이 와서 예배당에 들어갈 수가 없어 멀리서 보트를 타고 교인들이 예배당까지 가서 2층에서 예배를 드리는 장면이다. 중학교 시절 용두동에서 살던 일이 생각났다. 그때 장마가 지면 조그만 나룻배를 타고 강을 건너간 생각이 난다. 이 모든 것들이 자비하신 하나님의 손길에 있다는 것이다.

내일모레면 상트페테르부르크에 있는 선교사들이 모이는 날이었다. 나보고 축도 순서를 맡아 달라는 연락이 왔다. 갑자기 하늘에 빛이 비친다. 고척교회 전도사 시절 목사 안수 날을 앞두고 목사들 그룹과 장로들 그룹에 크나큰 갈등이 생겨서 노회가 열리지 못한다는 소식을 들었다. 참으로 안타까운 소식이었다. 그때 나는 영락기도원에 올라갔다. 아마 사흘 동안을 산에서 기도한 생각이 난다. 그리고 놀랍게도 노회가 다시 열리게 되었고 그때 내가 축도를 했다. 당시 목사 안수를 받은 사람이 한 여덟 명 정도였던 것 같은데 그 중에서 가장 연장자가 축도하는 전통이 있었다. 나는 영락교회 한경직 목사님의 축도를 본받고 싶었다. 그래서 산에서 열심히 연습을 했다. 그러나 중요한 것은 정말 축복을 하느냐가 문제다. 선교사가 선교사를 축복할 때 놀라운 일이 생기는 것을 나는 안다.

그러나 그것이 쉽지는 않다. 우리는 끊임없이 무언가를 갈망하고 있고 목말라 하고 있고 무언가를 찾고 있다고 누군가 표현을 잘했다. 잠잠히 주님을 만나면 진정한 평화와 기쁨과 필요한 것들이 다 채워질 텐데……. 날마다 365일간을 말씀을 전하는 연세 많으신 목사님이 말씀하신 이야기가 떠오른다. 선교사는 자가 발전을 해야 된다는 것이다. 다시 말해서 힘이 빠져 가지고 고국에 돌아오면 안 된다. 역설적인 이야기다. 어디서나 스스로 주님과 더불어 새 힘을 얻어야 된다는 것인데 귀한 메시지다. 물론 예외는 있을 수 있다. 엘리야도 그랬고 하나님의 사람도 지칠 때가 있다. 상트페테르부르크 선교사회, 나아가서 구소련 선교사회 그리고 나중에 생겼지만 러시아만 모이는 선교사회가 있다. 이러한 모임에서 하나님의 얼굴을 구하기만 하면 전능하신 하나님께서 골고루 빛을 비춰 주실 것이다.

한 분 한 분 보면 탁월하고 놀라운 역사를 일으키지만 아픔이 많거나 상처가 있는 선교사들이 많다. 그리스도 안에서 교제의 영역이 말할 수 없이 넓어지고 있다. 이어서 세계한인선교사회(KWMF) 또 미국에서 열리는 세계한인선교협의회(KWMC) 또 한국 교단의 대표들이 모이는 KWMA 이런 모임들과 직접 간접적으로 연결을 하고 있다. 또 우리 지역에서는 국제기독학교(IA)라고 하는 미국 선교사들이 세운 선교사 자녀 학교가 있는데 그곳에서도 예기치 않게 이사가 됐다. 영어로 모든 미팅을 할 때마다 속으로는 힘이 들지만 그들의 안목도 배우고 또 우리들의 안목도 전해 주게 됐다. 이후에는 우리 지역에 다녀간 코아월드미션 팀 또 우리 장요셉 선교사를 통한 피스랜드선교회 또 몇 년 전 팬데믹으로 인하여 줌으로 새벽 기도를 여는 세계선교중보기도회(KWMI)와도 소통하게 됐다.

미국에 있는 큰아들이 결국 국제정치학으로 교수가 되어 박사 과정부터 관여한 여러 저널과 논문 칼럼들을 가끔 올리고 있었다. 그런데 그가 러시아에서 미국으로 가게 된 계기는 나의 친구 하버드대학교 김광수 교수가 전화 통화에서 말한 한마디가 결정적이었다. 그런데 그 친구는 그 사실을 잊어버리고 있다. "이 목사 생각이 진부하네. 미국으로 보내세!" 그리고 그 친구가 자신의 친구 장로를 소개시켜 주었다. 김영기 장로는 좋은이 보호자 역할을 오랫동안 했다.

인공지능의 대가인 중국의 최○○ 선교사에게 한글 맞춤법 수정의 도움을 청하였으나 다른 분위기의 글이 나왔다. 현대를 살면서 시간과 공간의 제한을 받는 것이 사실이다. 모든 육체는 풀과 같다고 하였고, 우리는 다 시간과 공간의 제약이 있는 연약한 인간이다. 그럼에도 우리 안에 계신 성령으로 말미암아 놀라운 교통이 가능하다. 이것이 말씀과 성령의 힘이다.

### 2. 말씀과 성령과 치유 사역

#### 신유의 은사냐 믿음의 치유냐

주위에 많은 이들의 몸이 아프다. 며칠 전에는 귀한 이리나 목사가 목이 쉬고 기침이 많이 나와서 주일 날 예배를 못 드리게 되어 내가 러시아 말로 설교를 간결히 했다. 그렇게 기도를 많이 하고 50년간 특별한 침술로 많은 성도들을 치료해 주신 귀한 여종이 나이가 거의 70이 되어서 최근에 목사 안수를 받은 것이다. 그때 내 마음속에 우리 예수께서 "우리의 연약한 것을 친히 담당하시고 병을 짊어지셨도다"(마 8:17)는 말씀이 떠올랐다.

아무리 가까운 사람도 다른 이의 질병을 담당할 수는 없는 것이다. 오직 예수께서만 우리의 죄악과 질병을 담당하실 수 있다.

"그는 실로 우리의 질고를 지고 우리의 슬픔을 당하였거늘 우리는 생각하기를 그는 징벌을 받아서 하나님에게 맞으며 고난을 당한다 하였노라 그가 찔림은 우리의 허물을 인함이요 그가 상함은 우리의 죄악을 인함이라 그가 징계를 받음으로 우리가 평화를 누리고 그가 채찍에 맞음으로 우리가 나음을 입었도다"(사 53:4-5).

우리는 종종 예수께서 이미 이루신 일, 지금도 하시는 그 일에 초점을 맞춰야 되는데 우리가 뭔가 해 보려고 애를 쓸 때가 있다. 내 모든 생각을 내려놓고 어떨 때는 하나님이 주시는 그 성령의 은사인 신유의 은사로 다른 이들에게 주님의 치유의 손길이 이루어지도록 손을 올려놓는다. 아니면 간구할 때가 있다. 또 어떨 때는 내게 특별한 신유의 은사가 있는 게 아니라 우리 주님이 주시는 말씀을 믿을 때 그 믿음으로 치유의 역사가 일어난다.

토요일 우리 집에서는(목요일은 미르선교센타에서), 이리나 목사가 거의 68세인데, 많은 성도들이 모여서 그의 말씀과 치유 사역이 이루어지고 있다. 로자라는 나이 많은 집사가 핸드폰을 두고 우리 집을 나섰는데 다시 연락이 왔다. 핸드폰을 찾으러 힘들게 우리 집에 다시 오려는 그 심정을 생각해 보았다. 그때

마침 아내와 시장에 나가 있었다. 그가 우리 집에 다시 왔을 때에 같이 잠시 기도를 했다. 성령이 우리를 치료하시는 것을 경험한다. 자그마한 순종이 주님을 기쁘게 한다.

어느 날은 30분 일찍 갈랴(나이 많은 집사)가 먼저 우리 집에 왔다. 이날은 아침부터 계속 성령의 은총을 사모했지만 내 마음이 충분하지 못했었다. 그런데 이 갈랴 집사와 시간을 가지면 좋겠다는 생각이 들었다. 그래서 어디가 아프냐고 물어보았다. 그랬더니 머리가 아프다고 한다. 내가 대답하기를 대체로 머리가 아픈 건 마음과 관련이 있다고 하니 그의 심장도 아프다고 했다. 나는 몇 가지 말씀을 그분과 나누었다. 로마서 11장 28-36절, 고린도전서 2장 9-11절, 요한일서 2장 20-29절을 함께 읽었다. 자기에게 꼭 맞는 말씀이라고 하였다. 그후 우리가 함께 기도했다. 놀랍게도 나 자신이 성령으로 기름 부음을 받았다. 대체로 다른 사람을 위하여 기도할 때에 나 자신이 은혜를 입는 체험을 한다. 기도하는 것 자체가 쉽지는 않으나 갈랴 집사도 머리 아픈 게 사라졌다고 한다.

## 기적과 성실

하나님의 능력과 하나님의 지혜가 바로 예수 그리스도의 십자가다. 자다가 일어나면 몸은 산뜻하나 눈은 어딘가 피곤하다. 주여, 빛을 비춰 주소서! 하나님의 보내시는 이는 하나님의 말씀을 하나니 이는 한량없이 성령을 부어 주심이라 하셨다. 그리스도의 마음을 품으면 하늘의 능력이 온다. 주가 우리 안에 계시고 우리와 함께 계시는 주님이 믿어진다면 어떠한 삶이 이루어질까?

자동차 에어컨 바람이 시원치 않아서 갑자기 공장에 갔다. 그 건물을 빌려 운영하는 일을 하는 자매 이리나는 몰다비아에서 왔다고 한다. 그리스도를 믿는 믿음을 가졌다. 그의 가족들은 미국 샌프란시스코에서 신앙생활을 한다고 한다. 그 옆에 호텔이 있는데 겉은 초라하게 보이나 안에는 제대로 되어 있다. 오직 노동자들만 그곳에서 지낼 수 있다. 단체 그룹으로 우즈벡이나 키르기스스탄에 온 사람들이 거기서 일하고, 인도 사람들도 많이 있다. 이곳이 바로 황금어장이 아닌가?

누구든지 목마른 자들은 다 내게로 오라고 말씀한다. 수고하고 무거운 짐 진 자들도 오라고 한다. 우리는 단순히 그의 이름을 부르기만 하면 된다. 단순히 주님께 나아가고 주님께 고백하고 찬양하고 주님이 말씀하시면 듣고 순종하면 된다. 그러나 그것을 방해하는 것이 우리 속에 있다. 그것이 견고한 진이다. 우리의 근본적인 뿌리 문제다. 보이지 않는 잘못된 그려진 습관들, 세상을 사랑하는 마음들이다.

키르기스스탄에서 온 이리나/빅토르 부부의 생애가 놀랍다. 서로 30여 년 전부터 알고 지내다가 (서로 남편과 아내를 잃고) 2년 전에 부부가 됐다. 빅토르는 전쟁 시기에 헬리콥터 조종사로서 살아났고, 이리나는 교수요 전도사요 침술사요 마사지 전문가이다. 예기치 않은 슬픔과 안타까움, 미묘한 시험과 유혹들…디베랴교회도 얼마나 굴곡이 많았던가? 롤러코스터를 타는 듯한 위기와 황폐함, 그러다가 요사이 어려운 시기에도 로고스학교 귀한 홀에서 예배를 드린다.

"너희 하나님이 가라사대 너희는 위로하라 내 백성을 위로하라"(사 40:1).

때로는 작은 분기점에서 우리의 인생길이 달라진다. 그 깊은 배후에는 하나님의 크고 오묘한 섭리와 손길이 있으나 어찌 우리가 다 알 수 있으랴? 또 얼마나 온전히 주를 신뢰하는가?

성부와 성자와 성령의 초대

우크라이나/러시아 전쟁이 오래감에 따라 대체로 긴장감이 돌고 경제 제재 등으로 러시아도 물가가 턱없이 올랐다. 그럼에도 변함없는 살아계신 아버지와 아들과 성령 하나님의 은혜는 측량할 수 없다.

1) 미르수양관

도심지에서 승용차로 약 40분 걸리는 지역에 세워진 (3층과 지하 1층) 기도하는 집이요 장차 미르신학교 기숙사 등 다양한 용도로 쓰일 수 있고 땅이 넓고(약 1800평방미터) 전망이 좋은 곳이다. 금년에 강추위와 관리의 소홀로 보일러 수도관이 파열되어 문이 닫혀 있었다. 지난달 디베랴교회에서 (이리나 전도사 칠순 잔치 겸) 피크닉을 감행했다.

놀랍게 이웃 바짐이 직접 찾아와서 동역하는 우리 미르 선교사들과 사역자들을 만나 자신이 우리 미르수양관을 기초부터 보았고 누가 지었는지를 잘 안다고 하면서, 튼튼하고 무너지지 않으며 단지 철로 버팀대를 대면 더욱 든든할 것이라고 했다. 보일러 수도관 터진 것도 일꾼을 소개하여 수리가 시작됐다.

가까운 이들이 이해하지 못하거나 혹 숱한 난관을 거쳐왔는데 이제 무너져 내릴 것 같은 안타까운 때를 만나기도 한다. 이런 경우 하나님의 은혜인가, 숨어 있는 자기 의나 공로인가 살펴보게 된다.

"깊도다 하나님의 지혜와 지식의 풍성함이여 그의 판단은 헤아리지 못할 것이며 그의 길은 찾지 못할 것이로다"(롬 11:33).

### 2) 미르신학교 졸업식

5월 28일(토) 제19회 졸업식(야간 3년 과정, 보화 같은 8명 졸업, 작년에 졸업식을 못한 1명 포함) 중에 예정에 없었지만 안토니나 전도사가 꽃들을 준비하여 러시아 목회자들을 단상에 나오라고 하여 축하하는 순서가 있었는데 일품이었다. 이제 주의 손 안에서 신학교도 선교회도 디베랴교회 사역도 현지 사역자들에게 맡겨야 한다. 나의 경험을 내려놓고 주의 오묘한 손길에 맡기며……

### 3) 장로교 노회

숱한 어려움 속에도 러시아 사역자들이 모이고 노회로 조금씩 자리 잡아가는 모습을 보게 되어 감사하다. 부담스럽지만 이날 성찬식과 축도 순서를 노회장이 내게 부탁했다. 푸시킨 지역에서 사역하던 티무르 목사는 성도들이 세상 떠나자 모이기도 힘들어서 새로운 전도 사역을 찾고 있다. 미르선교회 소속인 블라지슬라브 목사와 김지마 목사가 그런대로 열심히 사역하며 본이 되고 있다. 아내를 잃은 모세 목사는 여러 해 전 소천한 김재광 목사님이 전해준 모자를 쓰고 있다. 어린이들이 요사이 교회에 잘 안 나온다고 한다. 그러니 조 선교사는 여름에 시베리아에서 사역하는 로만 목사 가족이 한 달간 이곳에 오면 많은 가족이 그곳에 함께 살면서 여름 성경학교를 지원해주자고 한다. 남편 목사를 여의고 러시아 목회자들을 도우며 노회로 세워가려는 조 선교사의 수고를 엿볼 수 있다.

4) 어느 날 한국에서 보철(크라운) 입힌 어금니가 아파서 어쩔 수 없이 러시아 동네 치과에 들렀다. 우즈벡 의사가 엑스레이로 그 부분을 촬영한 후 잇몸이 약하고 흔들려서 그 보철한 치아를 빼야 한다고 한다. 다음날 그 이야기를 갈랴 전도사에게 했더니 이곳 크리스천 치과의사를 온라인으로 소개해주었다. 그 여의사는 문자로 역시 비슷하게 보철을 빼서 살펴보아야 한다고 하지 않는가. 하지만 워낙 신뢰가 가는 전문가 의사로부터 잇몸을 치료받았기에 그냥 약을 쓰면서 기도하며 버텼더니 현재는 아프지 않다. 돌이켜 보면 하나님의 은혜이다. 살아계신 성부와 성자와 성령은 오늘도 우리를 그의 거룩한

사랑으로 초대한다.

"나는 여호와니 이는 내 이름이라 나는 내 영광을 다른 자에게, 내 찬송을 우상에게 주지 아니하리라"(사 48:8).

어느 날 비행기를 타고 가다가 자신을 바라보았다. 도저히 변치 않는 자신의 옛 속성에 탄식하면서 어떻게 주의 종이 될 수 있을까 고민했다. 그때 갑자기 주께서 나를 미리 아시고 부르셨다는 말씀이 깊이 내 마음에 새겨져 있다.

"미리 정하신 그들을 또한 부르시고 부르신 그들을 또한 의롭다 하시고 의롭다 하신 그들을 또한 영화롭게 하셨느니라"(롬 8:30).

### 3. 선교 영성과 선교 연합

러시아는 동쪽 사할린, 연해주, 중앙에 노보시비르스크 등 시베리아, 서쪽의 상트페테르부르크, 모스크바, 남쪽의 로스토브, 크림반도 등 각 지역이 서로 특성이 상당히 다르다. 한편 구소련(CIS) 한인선교사회를 통하여 중앙아시아를 포함하는 광대한 지역의 한인 선교사들은 지금껏 거의 30년간 네트

워크를 이루고 있다. 우리 교단은 유라시아로 명명하며 새롭게 연합을 도모하고 있다. 우크라이나와 러시아 전쟁은 해를 넘기면서 온 세계에 어두운 영향을 끼치고 있다. 어떻게 살아계신 하나님 앞에서 우리 사역의 과제와 미래를 풀어갈까?

분명한 것은 주의 종들이 함께 모여 하나님의 얼굴을 구하는 모임은 대면이나 비대면이나 위험하면서도 놀랍고 역동적이라는 확신이 있다.[3] 선교는 다양한 정의가 있으나 한 마디로 예수 생명과 예수 사랑을 말씀과 성령으로 전하고 나누는 것이다. 우리는 환경이 변화되기를 원하나 하나님은 우리의 마음을 변화하기를 원한다. 선교 연합의 전제로서 우리의 기본 마음의 자세를 상기해본다.

### 1) 말씀과 성령은 선교의 원동력

주의 종은 특별히 여러 마음이 상하는 일들을 통하여 말씀을 받거나 깨닫거나 한다. 하나님의 신비하신 선하신 손길이다. 그러기에 다른 동역자를 이해하게 된다.

---

[3] 전자 자료집 중 "러시아 개관 및 선교 현황"에서 발췌. 원일선 선교사(PCK 러시아 동부)/이희재 선교사(PCK 러시아 서부) ■ 장소: 카자흐스탄 알마티 ■ 일정: 2023.6.6.(화)-9.(금) ■ 주최: 총회 해외다문화선교처 ■ 주관: PCK유라시아권역 현지선교회.

"여호와께서 그로 상함을 받게 하시기를 원하사 질고를 당케 하셨은즉 그 영혼을 속건제물로 드리기에 이르면 그가 그 씨를 보게 되며 그 날은 길 것이요 또 그의 손으로 여호와의 뜻을 성취하리로다 가라사대 그가 자기 영혼의 수고한 것을 보고 만족히 여길 것이라 나의 의로운 종이 자기 지식으로 많은 사람을 의롭게 하며 또 그들의 죄악을 친히 담당하리라"(사 53:10-11).

2) 화해의 주와 측량할 수 없는 에너지

"찬송하리로다 그는 우리 주 예수 그리스도의 하나님이시요 자비의 아버지시요 모든 위로의 하나님이시며 우리의 모든 환난 중에서 우리를 위로하사 우리로 하여금 하나님께 받는 위로로써 모든 환난 중에 있는 자들을 능히 위로하게 하시는 이시로다"(고후 1:3-5).

고난 중에 주의 위로를 받고, 그때 우리는 다른 이를 말씀과 삶으로 위로하는 주의 사역자가 된다(고난과 위로, Suffering and Compassion).

"몸이 하나요 성령이 하나이니 이와 같이 너희가 부르심의 한 소망 안에서 부르심을 입었느니라 주도 하나요 믿음도 하나요 세

레도 하나요"(엡 4:1-7).

전체적으로 주님의 몸을 이루면서도 각자가 독특한 조화를 성령께서 이루어 주셔야 하는데 실제로 이것이 어떻게 이루어질까 고민을 많이 하게 된다. 성령도 하나요 몸도 하나요 적어도 우리 선교사들이 그리스도 안에서 하나라는 생각이 들 때는 엄청난 영적, 육적, 정신적 에너지가 나올 텐데…또 이것 때문에 힘이 빠지고 스트레스를 받을 때도 많이 있다.

## 선교 연합의 사례들[4]

1991년도 소련의 개방 정책에 따라 15개 국가가 독립하면서 많은 한인 선교사들이 파송되기 시작했다. 돌이켜보면 상트페테르부르크에서도 도시 전체 러시아 사역자들 중심의 연합기도 성회가 2000년에 들어가기 전에 며칠 동안 열렸고, 상트페테르부르크 한인선교사회 주관으로 매월 기도 성회가 약 1년간 이어졌다. 2001년 6월에는 우리 지역에서 CIS 한인 선교사 대회가 열려 300여 선교사들의 동참 속에 거룩한 부흥과 새 창조의 소망을 바라보게 됐다. 그 후로 CIS 선교는 사명처

---

[4] 유라시아 권역의 선교 역사와 자원-구공산권(CIS) 지역의 선교 연합(초교파)을 중심으로.

럼 뗄 수 없는 관계인지 집착인지 계속 머릿속에 그림이 그려진다.

"2009년에는 15차 대회로 중앙아시아 카자흐스탄 알마티에서 열리기로 예정되어 있었다. 그러나 현지의 돌발 사정으로 대회 연기에 대한 이야기가 나오고 CIS 선교사회는 문을 닫을 뻔했다. 러시아와 중앙아시아는 서로 갈라지자는 분위기였다. 주의 중재의 은혜로 이스라엘에서 열렸다. 러시아 전 지역 두루두루, 중앙아시아, 그루지아를 거쳐 다시 부흥(revival)의 의미로 2017년에 상트페테르부르크에서 열리게 됐다. 2019년에는 모스크바에서, 2021년에는 팬데믹 기간임에도 튀르키예 이스탄불에서 21차 CIS 대회가 열렸다. 그동안 수많은 주의 종들, 특히 한인 선교사들이 이 광활하고 황폐한 권역에서 수고하고 씨를 뿌리고 물을 준 역사들을 나눈다면 말할 수 없는 선교 에너지를 발견하며 주의 영광이 될 것이다."[5]

실로 하나님 나라는 광대하며 많은 동역자들이 있다. 우리는 다 부분적이요 하나님의 불가항력적인 은혜에 붙들려 주께 쓰임받는 것이 감사할 따름이다.

---

[5] 피스랜드미션 주최 한러 수교 30주년 기념 "북방 선교 정책과 전략 세미나", 이희재 발제, "러시아 선교의 회고와 북방 선교 전략"(2020.9.17. CTS 9층 KWMA 회의실).

### 다문화 디아스포라 사역

유라시아 권역은 우선 흩어진 고려인들을 통한 선교 역사와 잠재력을 볼 수 있다. 이 권역에 흩어져 살고 있는 고려인들은 특별히 강제 이주로 인한 고난의 세월을 살아왔지만 하나님께서 미리 해외에 준비해 두신 고려인 디아스포라는 선교 사명을 감당하도록 한 특별한 축복이다.

한편 다문화 사회가 오고 있다. "이주 노동자, 결혼 이주 여성, 유학생, 다문화 가정 자녀 대상 사역을 진행하고 있다. 일부를 제외하고는 검증된 성공 사례가 나오지 않고 있다. 섣불리 개종시키려 하기보다는 하나님의 형상으로 지어진 이웃으로 여기며 문화를 이해하며 진정성을 가지고 그들의 어려움에 동참해야 한다. 다문화 사람들을 한국 문화 속으로 끌어 오지 말고 우리가 그들의 문화 속에 들어가야 한다."[6]

### 크리스천 학교 정체성(선교사 자녀 학교)

막내 종한이가 다니는 국제기독학교(IA)의 크리스천 정체성

---

6   IBF(박신혁 선교사, iaminbooks@naver.com) 2023.1.5. 서평, "한국 교회의 미래 10년"(정재영, SFC, 2019).

을 놓고 고민하여 보았다. 과제물을 집에 두고 왔기에 0점 처리하는 선생님께 종한이가 이의를 제기하다가 교장 선생님께 불려갔다. 자기를 변호할 줄 알았는데 도리어 책망을 받고 돌아왔다. 학교에서 빌려온 책을 돌려주다가 겉장 등이 지저분하여 벌금이 30달러, 거의 책 절반 값이 나왔다. 최근에 한국의 안 믿는 가족들의 자녀들이 들어오는 통에 엄격해진 것 같다.

며칠간 모스크바에서 농구 시합이 있어 선수들보다 응원단과 선생님, 학부형들 40여 명이 다녀왔다고 한다. 결과는 4팀이 참석해서 4등 했다고 한다. 우리 종한이는 억울하여 1주일간 금식한다고 했다. 간신히 하루 만에 금식을 말리다 알고 보았더니 자기를 뚱뚱하다고 못 뛴다고 중간에 빼고 다른 이를 선수에 넣어서 충격인가 보다. 우리 종한이는 장교 복무 중인 형이 스스로 짝을 찾지 못할 스타일이라며 자기가 소개하고 싶다고 엉뚱한 제안을 하기에 우리 모두가 놀랐다.

세계적인 팬데믹 등 어려운 시기를 맞이하여 필리핀 선교사들의 모임이 줌(Zoom)으로 새벽기도회를 시작하였는데 전 세계 선교사들이 동참하게 됐다. 나는 러시아 상트페테르부르크에서 미르선교회 이름으로 '영적 각성과 회복'이라는 주제로 새벽기도회와 금요기도회를 약 25년간 동역하던 선교사 및 현지인들과 함께 해오던 차에 관심이 있었다. 앞으로 이러한 특별한 선교사 기도 운동이 어떻게 바람직하게 전개될까?[7]

분명한 것은 주의 종들이 함께 모여 하나님의 얼굴을 구하는 모이는 모임은 위험하면서도 놀랍고 역동적이라는 확신이 있다. 선교사들의 우선순위와 가치관이 조금씩 다르다. 하지만 하나님 나라를 위해서는 어쩔 수 없는 협력과 연합을 이루어 가야 하는 것이 딜레마이다. 물론 나눌 수 있는 것과 스스로 안고 가야 할 사역이나 짐이 있을 것이다. 각자 자신의 길을 걷되 예수의 마음으로 살면 수많은 동역자를 만나게 될 것이다. 주의 종들이 연합하여 기도할 때 부수적으로 하나님께서 문화의 장벽 너머(Beyond Culture)에 숨겨놓은 자원들을 함께 나누게 될 것이다.

"네게 흑암 중의 보화와 은밀한 곳에 숨은 재물을 주어서 너로 너를 지명하여 부른 자가 나 여호와 이스라엘의 하나님인 줄 알게 하리라"(사 45:3).

---

[7] "기도 운동과 선교 연합"(발제자: 이희재, 2022.9.26.-9.28. 필리핀, 세선중[KWMI] 2회 포럼).

살아계신 주께서 수많은 종들을 통하여 이제까지 역사하시는 은혜들을 나누기만 하여도 소망과 놀라운 자원이 될 것이다.[8]

---

8   이희제, 『영성 미션』(서울: 렛츠북, 2021), 에필로그 등.

# 7장

## 러시아 선교와 민족 화해

### 1. 북방 선교 전략

#### 1) 하나님의 사람

피스랜드미션에서 디아스포라를 통한 북한 선교에 초점을 맞춘다면 떠오르는 사람은 한국 교회의 아버지라고 불릴 수 있는 사무엘 마펫이다. 또 한 분은 한국에 온 미국 선교사요 북한을 한국인보다 더 사랑하는 예수전도단의 설립자 오대원 목사(로스 목사)이다. 두 분으로부터 전략을 배우며 나누고자 한다. 주요한 것은 우리 자신이 하나님의 사람이 되는 것이요 하나님의 사람을 길러내는 것이다.

### (1) 오대원 목사

필자 자신도 예수전도단의 전도 훈련 캠프(1980, 이대 앞 다락방) 때 회심했다. 그러기에 예수전도단의 설립자인 오대원 목사에게 깊은 영향을 받았다. 나중에 한국 YWAM으로 통합될 때는 자연스럽게 로렌 커닝햄의 선교 비전에 도전을 받았다. 특히 오대원 목사는 한국어를 너무 잘하고 한국인을 사랑하는 것이 마음에 와닿았다. 그는 무엇보다도 말씀 묵상의 사람이요 이 시대에 북한 선교 비전에 대한 분명한 그림을 갖고 있었다고 여겨진다. 더욱이 1986년 한국에서 추방당한 이래 1994년 시애틀에 안디옥국제선교훈련원을 세우며, 전 세계적으로 북한 선교 운동을 펼쳐나가고 있다. 오대원 목사가 북한에 대해 본 환상은 감동적이다.

"1979년 2월 24일, 지금으로부터 20년 전, 하나님께서 나에게 한반도를 환상으로 보여주셨다. 북한은 마치 속이 비어 있는 앙상한 뼈 같아 보였고, 남한은 아주 크기는 하지만 속이 썩어 있는 감 같아 보였다. 비무장지대(DMZ)는 먼지 구름으로 덮여 있었다. 하나님께서는 남한은 많은 열매를 거두기는 하였으나 한반도 전체—특히 원수와 같이 여기는 북한—를 위해서 중보하지 않았기 때문에 남한의 내부도 썩어들어 가고 있다고 말씀하셨다.

더 나아가, 남한의 그리스도인들은 북한을 사단의 나라로 여길 뿐 아니라 그에 의한 위협감까지 느껴 하나님께서 북한에 부흥을 가져오시리라고 기대조차 하지 않고 있다고 말씀하셨다.

북한은 속이 텅 빈 앙상한 뼈 같지만, 남한의 번영에 태를 제공한 어머니와도 같은 나라로, 무한한 능력을 가지신 하나님께서 북한을 향하신 그분의 목적을 능히 성취하실 수 있다는 것을 우리가 인식하고 기도해야 한다고 강력하게 말씀하셨다. 그런 후에야 에스겔처럼 마른 뼈에 성령을 불어넣어 생명을 갖게 하는 담대한 기도를 할 수 있을 것이다."[9]

오 목사는 북한 선교에 귀를 기울이며 하나님의 마음으로 북한인들의 필요를 알고 그들보다 낮아지고 그들 안에 들어가서 함께 삶을 사는 성육신적 선교를 강조한다. 즉 북한인들을 참으로 사랑하는 마음에 도전받는다. 피스랜드미션 연해주 협동조합이 이러한 정신을 되새기면 좋을 것이다. 사단법인 평화한국이 세이레 평화기도회(2007년부터)를 갖는 등 구체

---

9  오대원, 『북한을 사랑하시는 하나님』(예수전도단).

적인 전략(평화발전소, 평화연구소, 평화제작소, 평화사업소 등)을 준비하며 실행하는 일에서도 주의 손길을 느낀다.

### 2) 사무엘 마펫

한국에 온 많은 선교사가 있지만, 한국 교회의 모판인 평양신학교를 설립하고 널다리교회를 개척하여(훗날 장대현교회로 성장) 평양을 훗날 제2의 예루살렘으로 부르게 되는 데 결정적인 역할을 한 사무엘 마펫 목사의 선교 전략을 나누고 싶다. 그는 사경회와 자립의 씨앗을 강조하는 네비우스 정책을 적용하고, 노방 전도, 장터 전도, 사랑방 전도와 성경 공부에 주력했다. 필자에게 깊은 도전을 준 전략은 현지인 조사(한석진, 길선주 등) 7명을 키우며 그들과 선교 사역을 함께 한 모습들이다. 한편 그의 가정의 아픔도 새로이 알게 됐다. 결국 그들이 한국 교회에 숱한 열매와 영향을 준 것이다. 나의 영락 청년 시절부터 믿음의 형제요 새하늘선교회 동역자인 박성배, 강석진 목사 2명이 공저로『한국 교회의 아버지 사무엘 마펫』을 출간하면서 그 파일을 보내 왔다.

"…사실 선교사들은 항상 수적(數的)인 한계와 언어의 장벽을 가지고 있다. 그럼에도 그렇게 짧은 시간에 수많은 교회를 설립할 수 있었던 것은 평신도 지도자, 곧 조사(助事)와 영수(助事)를 잘

활용했기 때문이다.

마펫의 2-3주간 순회 전도 여행은 대부분 이들 조사와 영수에 의해 복음을 받아들인 신자들, 곧 학습 교인들에게 세례를 주는 일과 성만찬의 성례를 집행하는 일, 교회로서의 자격 유무를 판단하는 일, 평신도 지도자들 사역에 대해 검증하는 일 등으로 채워졌다.

영미 선교사들도 각 선교 거점마다 선교지의 조력자(한국 장로교의 조사)를 두어 예배 공동체를 세워나가고, 세워진 교회의 지도자를 돌보는 방식을 택했다. 전문적 신학 훈련을 받은 선교사가 부족했던 상황에서 그것은 매우 효과적인 방식이었다. 또한 선교지 언어에 한계를 갖고 있던 선교사들로서는 이러한 방식이 효과적이었다.

사무엘 마펫, 그는 조선 복음 전파의 불쏘시개가 된 사람이다. 언더우드와 아펜젤러 선교사 등이 3남 지역뿐만 아니라 이북 지역에도 복음을 전하기 위해 이북 지역 전도 여행을 몇 차례에 실시하였으나, 그 당시 현실로 이북 지방의 선교 거점을 만들기에는 여러모로 한계가 있었다."[10]

---

10  박성배, 강석진,『한국 교회의 아버지 사무엘 마펫』(서울: 킹덤북스, 2020), 205

### 3) 하나님의 자원(선교 사례를 중심으로)

코로나19 펜데믹 기간에 한국행 비행기가 수차례 변경되어 여름을 거의 러시아 상트페테르부르크에서 선선히 지내게 됐다. 어느 금요일은 드디어 모스크바를 통하여 파리를 거쳐 가는 줄 알았다. 항공사에서 취소됐다는 소식도 없었다. 다음날 미르수양관에서는 미르고려교회 수련회 마지막 날이었다. 감사하게도 수양관에 가게 됐다. 청년들의 찬양과 여러 성도들의 섬김이 수양관을 빛나게 해주었다. 알베르트 형제는 중국어, 한국어, 러시아어, 운전 등 다양한 달란트로 최근에 디베랴교회 통역도 돕고 있다.

마침 이웃집 바짐이 있었다. 고려인 지마 목사와 러시아 현지인과 극적으로 결혼하여 아들(모세)을 낳은 장요셉 선교사와 함께 이웃 바짐과 잠시 대화를 나누었다. 그를 통하여 우리 수양관 전압을 승압시키려고 1년 6개월 전부터 애썼다. 그 대신 우리는 그에게 지하 10미터 깊이로 판 우리 물을 나누기로 했다. 쉬운 일이나 우리 측 어느 담당자와 그가 소통의 오해가 있어 오랜 시간이 걸렸다. 그들은 우리 담당자를 이북에서 온 친구냐고 상종도 안 한다고 한다. 한 5-6년 전부터 어느

---

쪽: 김명구 지음, 『복음, 성령, 교회, 재한 선교사들 연구』(서울: 예영커뮤니케이션, 2017), 248쪽 재인용.

교회와 가까이 지내다가 그 교회 아이레타 집사의 시골 농장(Dacha)을 우선 1층, 지하실부터 구입하게 됐다. 그러다가 달러 환율이 거의 2배로 뛰는 이변이 벌어져 나머지 3층을 다 구입할 수도 없었고 수리는 막막했다. 그런데 주의 오묘한 손길로 미르선교회 선교사님들의 마음이 모아지면서 전체를 다 구입하고 엄청난 수리도 거의 다 이루어졌다.

"내 소유는 이것이니 곧 주의 법도를 지킨 것이니이다"(시 119:56).

그 수리를 담당한 이들은 놀랍게도 러시아의 탈북 형제들이었다. 우리가 초청한 것도 아니다. 돌이켜보면 주께서 보내주신 것이다. 그 바람에 북한 선교하는 시베리아 지역이나 모스크바나 연해주 분들과도 간혹 소통하게 된다. 그들이 수양관에 머물며 홍 선교사와 더불어 겨울을 보내며 애쓰다가 작년에 자유를 얻으며 한국으로 돌아갔다. 그러면서 그들도 예수를 믿고 수양관은 북방 선교와 북한 선교 기지로 사용하고 있다. 아직도 북한 장교 출신인 ○○ 형제가 수양관 관리자처럼 일하고 있다.

마당에 이웃집을 관리하고자 조그만 임시 막사에 살고 있는 우즈벡 형제 보리는 착하다가도 술만 먹으면 불을 지르려고 위협한다. 안타까운 상황이 연출되고 위험한 일이 가끔 발생한다. 그런데 이날 그의 가족을 만나 함께 기도해주는 역사가 일어났다. 북한 형제도 보통 때에는 그를 몽둥이로 제압하다가 이제 그를 불쌍히 여기기 시작했다.

## 2. 화해의 주와 민족 화해

20년 전 선교 초기 외국 선교사들이 1년에 한 번씩 중보기도회(Prayer summit)를 멀리 수양관에서 3박 4일로 가졌다. 한인 선교사는 몇 명 참석지 못했다. 어느 날 성찬식을 하던 날, 인도자는 둘씩 짝지어 나와 기도한 후 성찬에 참여하도록 요청했다. 누구와 함께 기도할까 생각하다가 (지금은 고인이 된) 연세 많은 어느 선교사와 손을 잡았다. 그때 떠오른 말씀이다.

"몸이 하나요 성령이 하나이니 이와 같이 너희가 부르심의 한 소망 안에서 부르심을 입었느니라 주도 하나요 믿음도 하나요 세례도 하나요 하나님도 하나이시니 곧 만유의 아버지시라 만유 위에 계시고 만유를 통일하시고 만유 가운데 계시도다"(엡 4:4-6).

주의 종들 간의 갈등을 치유하는 말씀이다. 우리가 믿는 주님이 한 분이라는 진리를 믿고 알고 경험하며 함께 자라가고 있다. 주께서 위에 계시고, 어디에나 계시고 우리 안에 역사하신다.

함께 손을 잡은 그분의 입에서 나온 기도이다.

"너는 곧 이르기를 주 여호와의 말씀에 내가 에브라임의 손에 있는바 요셉과 그 짝 이스라엘 지파들의 막대기를 취하여 유다의 막대기에 붙여서 한 막대기가 되게 한즉 내 손에서 하나가 되리라 하셨다 하고"(겔 37:19).

그런데 10여 년이 지난 후 그분이 복음을 전하고 양육했던 아이레타 집사가 여기서 병원을 경영하고 교회를 섬기며 어려움을 겪다가 나를 만나게 됐다. 우리는 서로 도우며 디베랴 교회 및 미르수양관 건축 등 새롭게 협력하고 있다. 주께서 측량할 수 없는 섭리로 우리를 부르시고 의롭다 하시고 그의 원하는 일을 이루어 가도록 한다. 누군가 보낸 찬양 영상의 가사 속 "예수님 이미 나흘이나 늦게 오셨네요." 마르다의 실망이 이해간다. 그 후 놀라운 나사로의 부활이 가슴에 와닿는다. 그분은 정확한 시간에 이루신다. 하나님의 뜻은 깨달아도 하나님의 시간과 하나님의 방법은 우리가 종종 알 수 없다. 코로나 19로 어려운 시기에 가까운 동역자 박성배, 강석진 목사가 함께 『한국 교회의 아버지 사무엘 마펫』을 써 내려가고 있었다.

> "사도 바울에게는 성령께서 역사하시고 자신의 영역을 확장시킬 수 있는 마음의 토양이 있었다. 성령은 바울에게서 그 불꽃이 높이 들리고 많은 사람을 불붙일 수 있는 희생 제단을 발견했다."[11]

"성령이 일하시는 선교 공동체"라는 모토는 당시 초창기 미르선교회 책임을 맡은 필자와 동역 팀들의 마음을 계속 두드렸다. 서명 후 바로 러시아를 떠나는 선교사도 있었고, 복음의 문이 새로이 열린 선교지에서 이미 자신의 현지인 교회를 개척한 자도 있었다. 거시적인 그림을 그리며 매주 금요일 저녁은 이 땅의 회복과 부흥을 위하여 사역자들, 신학교 팀들이 함께 모여 기도했다.

러시아의 26년이 스쳐가는 것을 느낀다. 성령으로 과거와 현재, 미래가 한꺼번에 나란히 전개되기를 기대한다. 오늘은 주께서 깊은 밤에 깨우시는 것을 느끼며 발제 원고를 다듬고 있다.

---

11 바실레아 슐링크, 『성령이 임하시면』(서울: 엠마오, 1986), 71쪽.

"여호와여 돌아오소서 언제까지니이까 주의 종들을 긍휼히 여기소서 아침에 주의 인자로 우리를 만족케 하사 우리 평생에 즐겁고 기쁘게 하소서"(시 90:13-14).

## JESUS ALL(미르 팀 한국 방문 감사)

미르선교회 러시아 목회자들(게오르기, 이골, 막심, 드미뜨리, 다축, 사샤 목사 등 10명)과 한국 목회 탐방 및 선교 여정(11/6-11/18)을 마치고 엊그제 밤 상트페테르부르크에 도착했다. 약간 차가운 공기나 역시 따뜻한 가정과 선교지로 돌아오니 평강을 느낀다.

안토니나 큰아들, 게나와 자부 율랴, 막내 손자 사브, 블라지슬브 전도사의 아내 박 나타샤와 둘째 아들 티무르, 이번에 모스크바 공항에서 한국으로 출국하지 못하고 가방만 한국에 갔다온 천레나 전도사가 둘째 아들 루슬란과 공항에 나와 있었다. 게오르기 목사도 자신의 가방이 바뀌어 주의 천사들이 속내의, 양말, 치약 칫솔 등을 사주었고, 그의 아내와 두 딸이 처음 한국 방문에 기대를 안고 영접 나왔다. 올가 전도사는 된장 등을 잔뜩 사왔고, 지마 전도사는 누군가에게 김치를 전달

해달라는 통에 부탁을 거절 못 하고, 다축, 사샤, 막심, 드미뜨리, 이골 목사 등을 위하여도 엄청난 선물과 짐들을 실을 차량 등이 준비되어 있었다(출발 시 화물 초과 비용도 주의 돕는 손길이 있었다).

한국 교회와 귀한 선교 동역자들로부터 말할 수 없는 사랑을 입고 돌아왔다. (미르선교회 목회자 환영 현수막, 꽃, 특별 예배나 기도회, 특강 세미나, 특별 선교 헌금, 비행기 티켓, 차량 봉사, 고속버스, 기차 KTX, 장신대 세계선교관 게스트룸 장기간 숙박, 때마다 풍성하고 다양한 식사 대접과 문화 탐방[양화진, 임진각, 땅굴, 포항의 포스코, 부산 동백섬, 자갈치 시장, 용인 민속촌 등])

무엇보다도 러시아 목사들에게 말씀과 메시지나 간증, 특송 등을 배려해주고 함께 은혜를 받아 감사드린다. 처음부터 마지막까지 대부분 줄곧 동행한 새하늘선교 팀들의 믿음과 우정에 감사드린다. 미르선교회 출신 미사모 분들의 헌신에도 감사드린다. 또한 일정과 사정상 함께 만나지 못한 분들께 죄송하다는 마음을 전한다. 한편 은밀한 중에 기도와 사역에 동참하신 많은 분들께 주의 상급이 있기를 기원한다.

"우리 생명이신 그리스도께서 나타나실 그때에 너희도 그와 함께 영광 중에 나타나리라"(골 3:4).

주께서 주도권을 갖고 진행되기를 바라보았다. 처음이자 마지막이라는 마음으로 준비했다. 참으로 귀한 교회들과 선교 동역자들의 말할 수 없는 사랑을 입었다. 돌이켜 보니 상당히 많은 동역자들이 기도한 덕분에 순간순간 주의 손길을 느꼈다. 장신대 세계선교관(원장 김영동 교수)의 게스트룸과 세미나실을 장기간 아주 저렴하게 사용할 수 있어서 감사했다. 성의를 다하여 강의해주신 교수님, 목사님 등과 새문안교회 윤호기 장로의 역사관 안내, 정윤복 집사의 양화진, 임진각 안내, 류 선교사의 용인 민속촌, 광화문, 청계천 안내, 성동경 목사의 안내로 포항 포스코 방문, 장 선교사의 찜질방 공동체 안내도 적절했다. 장신대 추수감사절 예배에 참석하여서 큰 은혜를 입었다. 사정상 만나지 못했으나 은밀한 사랑을 보내온 분들도 있다.

꼭 데려가고 싶은 디베랴교회 천레나 전도사는 비자까지 받고 상트페테르부르크에서 모스크바 공항까지 갔지만 우즈벡 여권을 가진 이들은 출국 시 따로 우즈벡의 도장을 받아야 한다는 관행에 걸려 결국 공항서 잠을 자면서 돌아와야만 했다. 공교롭게도 단체로 짐을 부치는 과정에서 게오르기 목사와 가방이 바뀌며 그의 큰 가방을 끌고 와야 하는 아픔과 안타까움을 연출했다.

한편 전문적으로는 러시아어가 많이 부족하나 메시지 통역만은 믿음과 주의 섭리적인 은혜로 감당한 것이 나 자신도 신기했다. 러시아 목회자들의 관점과 믿음도 귀했다. 이제는 우리가 그들을 가르치기보다는 함께 동역할 때이다.

덩치들이 워낙 크고 교회마다 선물을 푸짐히 주었기에 최소한 승합차 2대가 필요했다. 차를 타고 가는 동안은 신학적인 논쟁(유아 세례의 성경적 근거, 주일 성수 꼭 해야 하는가, 회개가 먼저인가 은혜가 먼저인가)을 지치지 않고 했다(다양한 교단과 개성). 결국 몇몇은 감정이 상하기도 했다.

나중에 다축 목사는 우리들은 아버지는 같은데 엄마가 다르다고 역설적으로 표현했다(야곱의 자녀들같이, 아버지 하나님은 같은데, 엄마인 교회가 교단이 다르다). 오직 그리스도를 바라보며 하나라고 한다. 게오르기 목사는 DMZ 땅굴에 들어가는데 허리 숙이느라고 땀이 많이 났다고 한다.

러시아 목사들의 유머에 탄복할 때가 많았다. 예를 들면, 땅굴 들어갈 때 입장권을 왜 사느냐고 물었더니, 사샤 목사는 그래야 북한에서 총을 쏘지 않는다고 대신 즉석으로 답을 해주었다. 아시아 선교를 하는 어느 목사가 러시아가 아시아인지 유럽인지 조사했더니 잘 모르겠더라고 할 때 어느 러시아 목사는 러시아는 요새 서쪽 한국이라고 했다.

포항의 포스코에서는 철이 만들어지는 과정을 직접 눈으로 보니 놀라웠다. 1500도 용광로를 거치며 돌들이 녹고 철 요소들이 모이고 붉은 쇳물이 엄청나게 흘러 철이 되면서 거의 모든 현대 산업의 근간을 이루게 되는 모습, 말씀에 성령의 불이 역사하면 놀라운 에너지가 나오리라.

류창현 선교사가 성은교회, GMS 선교훈련원, 용인민속촌, 서울 명소 탐방 중 나는 잠시 안산 어머님, 동생네 가정을 찾아 깊은 주의 위로를 받았다.

### 3. 회복과 새 창조

"고난 당한 것이 내게 유익이라"(시 119:71).

누구나 다 고난은 원치 않을 것이다. 그런데 대부분은 고난을 통해서 깊은 깨달음이 오고 삶의 습관이 변화되기 시작한다.

"고난 당하기 전에는 내가 그릇 행하였더니 이제는 주의 말씀을 지키나이다"(시 119:67).

일본 후쿠시마 원전의 오염수를 바다로 흘려보낸다는 소식 때문에 심지어 과학자들 간에도 찬반 의견이 다르다. 또 이것을 통해서 평소 진영 논리에 있던 사람들은 서로 성토하며 논쟁하기 시작한다. 새벽에 이런 생각이 떠오른다. 우리가 보고 듣는 것으로 우리 영혼에 들어오는 오염수는 그렇게 심각하게 느끼질 못하고 있지 않은가. 바실레아 슐링크의 『그리스도의 승리』라는 책에는 우리가 안일하기 쉬운 죄목들을 하나하나 열거하면서 경각심을 불러일으킨다.

"쾌감과 관능에 한 번 빠지면 인간을 눈멀게 한다…창조의 선물을 남용하지 마라…욕망 속에 발동하는 저주를 원수는 감춘다…향락 뒤에는 원수의 독배가 있고 독으로 얼룩진다…무절제한 향락으로 이끌어 가는 그 욕망을 허용하지 말고 즉시 들추어 고백하고 거절하고 끊어 버리라…나의 완전한 제물 위에 너의 몸을 바치라 내가 너희에게 완전한 사랑을 주리라는 것을 믿으라

…온전하고 행복한 삶은 죽음을 통해서 온다."

알면서도 어떻게 스스로 자신의 욕망을 죽일 수 있을까? 대부분은 고난을 통해서이다.

"그리스도께서 우리를 자유케 하려고 자유를 주셨으니 그러므로 굳세게 서서 다시는 종의 멍에를 메지 말라"(갈 5:1).

죄를 지으면 어쩔 수 없이 종의 멍에를 메게 된다. 한가지 계명에 어긋나면 다른 계명과도 결국은 서로 통하게 된다.

"형제들아 너희가 자유를 위하여 부르심을 입었으나 그 자유로 육체의 기회를 삼지 말고 오직 사랑으로 서로 종노릇하라"(갈 5:13).

예수께서 십자가에서 죄를 담당하시고 죄에 대해서 승리하셨지만 그것이 나의 승리가 되기 위해서는 나도 주님과 함께 못 박혀야 한다. 그러면 이제 어떻게 할까. 믿음으로 그 사실을 받아들이고 그것은 죄에 대하여 죽은 자로 여기는 것이다. 실제로 '나 같은 죄인 살리신' 찬송가의 작시자 존 뉴턴이나 오만 번의 기도의 응답을 받은 조지 뮬러나 순교자의 삶을 살아가고 있는 리차드 범브란트나 참회록으로 저명한 어거스틴이나 수많은 그리스도의 증인들이 방탕한 삶을 살다가 주님을 만나 온전히 헌신한 놀라운 이야기들을 우리는 알고 있다.

그러면 이러한 온전한 헌신을 위해서 우리가 바닥같이 꼭 떨어져야 할까. 그건 아닐 것이다. 이미 그리스도의 빛을 만나면 자신의 죄된 추악한 모습을 보게 되고, 스스로는 도저히 육신의 습관으로부터 벗어날 수 없다는 것을 절실히 깨달을 것이다. 오직 하나님의 전적인 은혜와 손길로만 가능하다. 하지만 실제 우리의 일상의 삶 속에서는 그 놀라운 하나님의 은혜와 우리의 믿음의 선한 싸움 사이에 어떻게 조화를 이룰까…. 주께서는 사실 끊임없이 용서하시고 또 우리를 일으키신다. 하나님의 목표와 최종 전략은 거룩과 사랑인 것 같다. 그러기에 고난을 사용하신다. 우리의 관심에 하나님이 응답하는 것 같으나 하나님은 우리의 삶이 영원 속에서 주님의 거룩한 사랑으로 빚어져 가는 것을 원하고 그 속에서 하나님이 우리에게 주신 소원이 일어나고 하나님께서 우리에게 주신 사명이 있다.

## 회복과 새 창조[12]

중보기도의 시간에 선교사들의 가정을 위하여 대표 기도를 하게 됐다.

"그리하면 네 빛이 아침같이 비췰 것이며 네 치료가 급속할 것이며…네 의가 네 앞에 행하고 여호와의 영광이 네 뒤에 호위하리니 네가 부를 때에는 나 여호와가 응답하겠고……"(사 58:8-9).

여러 날 전부터 왜 주께서 하필 이 기도를 맡겼는지 생각해 보았다. 진실한 기도는 성령의 역사가 아니고는 불가능하다는 생각이 들었다. 이곳 선교사님들의 이름과 얼굴을 떠올리며 주님께 한 분씩 올려드리다가 갑자기 내 마음에 성령의 감동이 왔다.

어떤 선교사는 건물을 거의 다 지었는데 불이 나버려 다 타버리고, 일꾼이 죽고, 어느 선교사들은 사모나 가족이 심한 질병으로 고통당하고, 또 몇몇은 가족 중에 누군가가 헤어지거나, 잃어버림을 당하고…어떤 분은 파송 교회나 후원교회와 관계가 끊기거나 멀어지고…동역 선교사들 간에 상처가 있기

---

12  미르선교회 회보 창간호에서.

도 하고…하여간 (무척이나 어렵지만) 선교사가 선교사를 위하여 기도할 때 하늘의 문이 열리는 것을 느꼈다. 성도님이 다른 성도들을 위하여, 또 집사님이 다른 집사님을 위하여 기도할 때 큰 은혜가 임할 것이다. 솔직한 고백을 하나님께 아뢰면 하나님의 무한한 은혜로 함께 하시며 우리의 상한 마음과 상처들을 회복시켜 주실 것이다.

"만일 네가 너희 중에서 멍에와 손가락질과 허망한 말을 제하여 버리고 주린 자에게 네 심정을 동하며 괴로워 하는 자의 마음을 만족케 하면 네 빛이 흑암 중에서 발하며 네 어둠이 낮과 같이 될 것이며 나 여호와가 너를 항상 인도하여 마른 곳에서도 네 영혼을 만족케 하며 네 뼈를 견고케 하리니 너는 물 댄 동산 같겠고 물이 끊어지지 아니하는 샘 같을 것이라…오래 황폐된 곳들을 다시 세울 것이며…역대의 파괴된 기초를 쌓으리니"(사 58:9-12).

이는 실로 황폐된 구소련 땅을 향한 주의 약속과 비전을 포함하는 말씀이다. 잠깐은 서운하고 아쉬울 때도 있으나 성령의 인도하심과 하나님의 때는 놀랍다. 나의 이기심과 자만과 욕심을 순간순간 내려놓기만 한다면 그분의 목적이 나의 목적이 되고 주님의 원대한 계획을 깨닫고 감사가 넘친다. 인간적인 것을 뛰어넘는 사랑의 역사가 일어난다. 하지만 이러한 거룩한 만남이 이루어지기까지 십자가의 과정을 겪는다.

사랑하는 성도님들! 얼마나 많은 눈물과 아픔과 시련과 부끄러움과 두려움을 지나왔을까? 우리 주님을 신뢰하세요. 주님은 날마다 구원자요 새롭게 창조해가는 창조자입니다. 성령이 강하게 역사하시면 짧은 기간의 날들이라도 엄청난 회복과 부흥의 역사가 일어날 것입니다. 아무쪼록 새벽을 깨우며 회복과 새 창조의 소망으로 충족해가는 은혜를 기원합니다.

### 러시아 에피소드

러시아 하면 떠오르는 생각들! 불곰, 큰 나라, 추위, 마피아, 소련, 보드카, 여자, 에타 러시아! 되는 것도 안 되는 것도 없다. 동양과 서양이 만나는 나라, 유럽도 아시아도 함께 느끼는 나라, 죽기 전에 한 번 방문해야 할 나라!

종업원이 식당에서 갑자기 다 나가라고 외치지만 아이스크림을 끝까지 먹은 어느 선교사. 러시아의 저명한 가이드 왈, 가장 인상적인 가이드는 러시아 처음 방문 시 그냥 공원에서 2시간 쉬라고 했다는 선교사라고 한다.

**지하철이 (방공호 훈련같이) 매우 깊이 들어간다.**

디모데(주경철, 북한 군인 출신)가 미르선교회 홈페이지를 보고 연락이 왔다. 우리 수양관에서 유엔 난민 센터의 도움을 받는데 러시아에서 재판을 두 번 이겼는데도 어느 날 보안부에서 기다리다가 그를 붙들고 북송해 갔다.

최근에 추운 날 영하 21도에 갑자기 승용차 타이어가 펑크 났다. 타이어 바람 넣는 기구를 누가 빌려주었다. 그래도 안 되었다. 택시 운전수도 바퀴를 빼지 못하였다. 일방통행 도로이기에 차량이 많았다. 결국 5명의 도움으로 해결됐다.

한국인에게는 레닌그라드로 익숙하게 알려져 있고 공산 혁명의 진원지요 우리 민족의 한 맺힌 이산가족 및 남북한 단절의 아픔을 간직한 곳이다. 성령님께 이끌려 파송 받은 지 28년 차 1월 말 이곳 넵스키 대로에서 독일 병정들과 러시아 군인들이 레닌그라드가 9백일간 포위되었던 일을 기념하는 행사를 가졌다. 2차 대전 당시 무려 1500만 명이 굶주림과 질병 폭격으로 죽어갔다고 한다. 당시 포위 상황 속에서 어린아이 손바닥만 한 빵으로도 살아남았던 러시아 민족. 당시 전쟁 영웅들에게 대통령은 감사 편지를 보내고 마트비엔코 시장이 그들을 초대했다. 공산 정권이 탄생했던 장소인 상트페테르부르크에는 현재 2만여 명에 달하는 고려인의 애환이 서려 있으며 문학가 푸시킨의 정서가 담긴 예술과 역사의 도시이다.

러시아는 어려워도 명절은 어김없이 쉰다. 그들은 남성의 날(2.23), 여성의 날(3.8), 노동의 날(5.1), 승전기념일(5.9) 등 명절이 오면 한꺼번에 여러 날을 몰아서 쉰다. 주일 성수가 몸에 배어있지 않은 교인들은 자유를 찾아 헤매기도 한다. 1996년 1월 말 러시아 선교 초창기에 가깝게 지내는 선교사와 모스크바에서 블라디보스토크까지 6박 7일간 대륙횡단 열차를 탄 적이 있다. 러시아 선교사로서 대륙을 품으려면 한 번쯤은 타봐야 할 것 같아서였다. 그때 시베리아, 하바롭스크, 블라디보스토크에서 만난 선교사들과 지금까지도 믿음과 우정을 나누며 러시아 선교사들 연합 모임을 구성해 든든한 믿음의 동역 관계를 형성하고 있다.

특히 사할린은 한민족의 서러움이 담긴, 러시아 선교의 못 자리요 역사적인 선교 현장이다. 대한항공 추락 사건과 함께 수많은 아픔과 눈물로 얼룩진 땅이다. 그 열악한 지역에서 목숨을 걸고 복음을 전하며 교회를 세워 자립해가고 있는 주의 종들의 모습도 보았다. 한편 사할린은 연어와 꽃게는 물론 원유, 석탄, 나무 등 자원이 풍부한 보물섬이기도 하다. 마치 흑암 중의 보화처럼 말이다. 한편 상트페테르부르크 라브리수도원 옆 묘원에는 푸시킨과 도스토옙스키, 톨스토이, 차이콥스키 등 우리에게 잘 알려진 문학가와 예술가들이 잠들어 있다. 꽃을 사랑하는 나라, 강아지와 가로수 길을 거닐며 자연에 동화되어 살아가고 있는 사람들…. 비록 굶주림과 배고픔의 고통도 있지만 예술과 낭만을 사랑하는 사람들이 바로 러시아인들이다. 러시아인들을 알려면 그들이 살고 있는 집과 자동차 공장, 재래시장을 가봐야 한다는 말이 있다. 안타까운 것은 우리나라와 마찬가지로 러시아인들도 대부분 시간에 쫓기며 살고 있기에 주님의 종들 간에도 차분히 삶을 나눌 기회를 갖기 힘들다는 것이다.

주께서 지으신 세계는 실로 광대하다. 그 지으신 인간의 영혼은 더욱 위대하다. 현대 문명 속에 있는 이들은 원시적인 문화(non verbal culture)를 무시하는 경향이 있다. 어떤 면에서는 모든 사람들은 주 앞에서 동일하다. 어느 누구나 죄인이고 사랑과 인정받고 싶은 목마름이 있다. 동시에 모든 이들은 각기 자기 길을 걸어간다. 모든 족속에게 이름을 주신 하나님은 얼마나 놀랍고 위대할까!

도스토옙스키는 러시아인들은 두 개의 조국을 갖고 있다고 한다. 러시아와 유럽이다. 러시아 정교회의 전통(슬라브주의)과 서유럽의 전통(서구주의)이다. 톨스토이의 말대로 "진실하게 사는 것, 더욱 중요한 것은 러시아에서 진실하게 사는 것"이다.

# 8장

## 일상의 영성

어느 날 이 지역에서 영성 세미나 훈련이 있었다. 주선하는 선교사가 애를 많이 썼다. 지난 주간 사흘간은 평신도들을 대상으로 했고 이번 주간 사흘간은 러시아 목회자들을 중심으로 모인다. 우리 러시아 디베랴교회가 주일에 예배드리는 크리스천 대학에서 모였다. 주일 저녁에 내가 참석할 수 있는지를 담당자가 물어 왔다. 나는 강사가 누군지도 분명치가 않고 또 내가 참여해야 할 마음의 확신도 없어서 가기 어려울 거라고 이야기했다. 그런데 한 번은 그냥 들러서 우리 러시아 목사들 권면하고 교제하는 시간이 필요할 것 같았다.

그런데 첫날 저녁 모스크바의 어느 선교사가 기대를 갖고 몇몇 러시아 목사들과 동행하며 참석했다가 무척 흥분한 음성으로 내게 전화를 했다. 강의 내용에 문제가 많다는 것이다. 그래서 나는 다음 날 오전까지 잘 들어보라고, 또한 진솔하게 강사와 담당 선교사와 대화를 하라고 했다. 나는 그 선교사를 잘 알고 내가 모스크바를 갈 때마다 여러 가지로 나를 도왔던 생각이 있기에 그를 만나야 될 것 같았다. 다음 날 세미나 장소 옆에 있는 한식당에서 몇몇 사람과 같이 만나기로 했다.

그러나 나는 그를 만나면서도 점심 식사는 그 옆에 세미나 팀들과 해야 될 것 같았다. 곤란한 두 모임 사이에서 갈등을 겪으며 마침내 주의 은혜로 조화를 이루며 내 역할을 감당했다. 속으로는 영성 강의를 내가 해야 될 텐데 러시아 목사들과 함께 듣는 것은 쉬운 일이 아니라고 생각했다. 그것도 그 강의 내용에 대해서 다른 비판이 일어나고 있지 않은가. 이것이 우리 일상의 영성에 대한 일례일 것이다. 작은 순종에 주의 평강이 밀려왔다.

## 1. 살아계신 하나님의 절대 주권을 몸으로 배우다

우리 민족의 믿음의 여종이요 나라와 주님을 위하여 한평생 99세를 드렸던 장신대 주선애 명예 교수의 기념 소회집을 다시 한번 읽어 보았다. "그는 강물이 흐르듯이 내가 연구한 것도 아니고 애쓰고 힘쓴 일 없이 성령의 은사로 흘러넘친 나의 한 생이었습니다"라고 고백한다. 뒤돌아보면 하나님이 하시는 일이 아이들의 흥미로운 장난처럼 물줄기가 스스로 넘쳐 흐르듯 한평생 모두 보이지 않는 영적 시냇물이었다는 것이다. 실로 그는 자신의 생애를 젊은 시절에 마감하고 싶었다가 앞으로의 인생은 나보다 못한 이들을 바라보면서 살겠다는 각오를 했다. 그리고 하나님께 모든 것을 맡겼다. 기도하며 배우는 일에 평생 주력한 것 같다. 특히 신학생들, 주의 종들, 탈북자들, 고아와 과부들을 돌보며 일생을 살아왔다.

나 자신도 장로회신학대학교 신학대학원 다닐 때 그분이 주선한 장학금을 받게 됐다. 처음에는 미국 LA 영락교회에서 주는 장학금이었는데 그것은 중간에 어느 분이 몸이 아픈 바람에 연결이 안 되었고 영락교회 백합회 권사님들로부터 도움을 받았다. 또한 내 아내는 주선애 교수님이 시작한 여자 신학원 1기로 공부를 하였고 그 이후에 목회 연구 과정을 마치게 됐다. 우리가 선교사로 떠날 때에 기도해 준 그 기도가 지금까지도 인상적이다. "하나님 앞에 이미 드리기로 한 선교사들이 뒤를 돌아보지 않게 하시고 평생 주를 위하여 살게 해 달라"는 내용이었다.

또 신학교 시절 어떤 이슈로 데모가 심각했다. 학교가 폐쇄되고 강의 수업은 거부되었고 임시 총회에서는 전부 퇴학하자고 외치며 그렇게 결정되기 직전이었다. 나는 이미 대학 시절에 유신헌법 철폐 반대 등으로 데모를 하여 제적을 당하고 군대를 갔다와서 하나님의 은혜로 복학을 한 경험이 있기 때문에 나도 모르게 나가서 발언을 했다. 우리가 하나님의 부름을 받아서 이곳에 왔기 때문에 나가는 것도 하나님의 부름을 받아야 된다. 학교를 퇴학하는 것은 결정하지 말고 계속 무기한으로 수업에 참여하지 말자고 제안을 했는데 그 제안이 통과됐다.

또 어느 날은 너무나 심각한 데모가 학교에서 일어났을 때에 기도 탑에서 기도하다가 나오는데 옆방에서 주선애 교수님이 안타까워하며 학교를 위해서 기도해야 된다고 했다. 그 때에 나는 대자보를 붙여서 점심 시간마다 1시간씩 기도 단체나 선교 단체가 모여서 중보 기도하는 시간을 갖자고 한 기억이 난다. 나는 예수님을 만나기 전에는 내 스스로 리더가 되려고 무척 애쓴 사람 중에 하나다. 그래서 정치를 꿈꾸고 나라와 민족의 지도자가 되려고 열심으로 무언가 준비했다. 그런데 예수님을 만나고 나니 모든 세우고 하는 권능이 하나님께 있음을 몸으로 배웠다. 내가 어떤 사람을 미워하거나 부족하다고 생각하면 하나님이 그 사람을 내 위에 세워 주는 것을 가끔 경험한다. 모세는 40세에 나라와 민족을 구하고자 하는 그 귀한 마음을 가졌지만 백성들이 자기를 진정으로 따라 주지 아니했다. 오히려 그는 도망가는 신세가 되었고 광야에서 많은 세월을 보내야만 했다.

"내 생각은 너의 생각과 다르며 내 길은 너희들과 다르며 하늘이 땅보다 높은 것 같다"(사 55장).

하나님께서 나라와 민족의 지도자를 좋건 나쁘건 간에 하나님이 그분의 경륜에 따라서 허락하기도 하고 세우기도 하고 묵인하기도 한다. 더욱이 주님 나라는 섬김과 희생의 나라이기에 하나님께서는 더욱 우리를 연단하신다. 이것은 공부를 통해서 또 무슨 누구에게 수업을 통해서 배우는 것이 아니라 고난과 사건을 통해서 하나님의 절대적인 은혜로 배워야만 한다. 또 우리가 대부분 비슷하다는 것을 알아야 된다. 다 자기 자신에게 집착하는데, 자기 자신의 꿈과 내가 무언가 해보려는 그것을 버리기가 얼마나 어려울까. 물론 성경에서도 '남에게 대접 받고자 원하는 대로 남을 대접하라 이것이 율법이요 선지자의 강령이라' 한 것처럼 우리에겐 대접받고자 하는 마음 인정받고자 하는 마음 이것이 문제가 아니다. 또 으뜸이 되고자 하는 자는 너의 종이 되라고 하였기에 으뜸이 되지 말라는 것이 아니다.

하나님의 가치관은 그보다 높다. 우리의 마음 깊은 곳을 보시는 주께서 우리 마음에 동기를 살피신다. 주께서는 우리의 앉고 서며 일어서는 모든 것을 아시고 멀리서도 우리의 생각을 아시고 우리의 말소리와 이야기하지 않은 것까지도 아신다. 사실 하나님의 주권을 알수록 우리는 더욱 자유로워지고 겸손히 주님을 바라보며 나아갈 수가 있다.

### 하나님의 주권과 우리의 한계

우리의 한계를 인정할 때 우리는 하나님을 영화롭게 하게 된다. 우리가 약할 때 하나님의 강함이 나타난다. 우리 교단의 한인 세계선교사회 회장 후보로 세 번째 공천이 되어서야 피택이 됐다. 내가 한다고 이야기를 안 했고 안 한다고 이야기도 안 했다. 네 명 공천이 되어서 처음에 떨어지고 두 번째도 예기치 않게 떨어지고 세 번째도 힘들게 공천이 됐다. 그런데 하나님만 의지했다. 신기하게 아슬아슬하게 붙었다.

대학 시절에 교양과정부 대의원회 의장 될 때는 스스로 원했다. 도저히 될 수 없는 상황에서 교양과정부 대의원회 의장이 됐다. 그 대가로 10월 유신 반대 앞장서게 되었고 '인제 가면 언제 오나 원통해서 못 살겠다'는 강원도 유격장으로 끌려갔다. 그때는 유격대 조교 생활을 끝내면 무엇이든지 할 수 있을 것 같았다. 그러나 주님을 만나서 영적인 길은 또 새로운 길이다. 끊임없이 자기를 부인하며 가는 길이다.

한때 씨티은행 대표까지 올라갔던 대학 시절의 친구가 전화가 왔다. 그의 누님은 뉴욕의 어느 신학교 학장도 지냈다. 그는 나와는 신학교 동기인데 자기 동생 예수 믿게 해 달라고 기도를 부탁한 생각이 난다. 자기도 열심히 전도를 받았지만 안 믿다가 어느새 6년 전에 예수를 만나고 또 집사가 됐다. 나를 위해 멀리서 기도하기도 한다. 그 형제가 1974년도 이제 75년도인지 그 시절 「동아일보」가 폐쇄되기 직전 광고 사태가 터질 때였다

20여 명의 우리 대의원들이 무교동에서 식사를 하고 같이 「동아일보」를 찾아가는 일이 있었다고 한다. 대부분 다 도망가고 자기하고 나하고 두 사람만 찾아가서 그 이후로 우리가 중앙정보부의 감시를 받게 됐다고 한다. 1974년도 10월인가 교양과정부 대의원실은 텅텅 비어 있었다. 갑자기 대의원들을 소집해야 된다고 생각을 했다. 그리고 즉흥적으로 비상 총회를 열었다. 교양과정부 부장(학장)은 당황하기 시작했다. 우리는 비상학생 총회를 마당에서 열었다. 경찰서에서 그 사진을 나중에 내게 보여주었다. 그 사진이 있었으면 얼마나 좋을까? 비상학생 총회가 갑자기 뜨거워지기 시작하며 성토대회를 마치고 운동장을 돌고 교문을 박차고 청량리까지 나갔다고 한다. 나는 그때 불을 질러 놓고 공대 의장과 선배들과 함께 뒷담을 넘어 뒤로 도망갔었다(<빠삐용> 영화처럼). 마지막에 그 뒤를 책임진 친구가 바로 그 친구 은상이다. 그는 밤늦게까지 학생들을 통솔하였고 그때 한 가지 조건(나를 징계하지 않는 조건)으로 그들이 헤어졌다고 한다.

그러나 그다음 해에는 관악산으로 옮겨지고 관악산에서 또 많은 학생들이 모여서 성토대회가 있었다. 그때 또 마이크를 잡은 것 같다. 그리고 나서 나를 포함하여 2년생 두 명이 무기정학을 당했다. 그 후 유치장에 감금되었을 때다. 신문을 보았더니 무기정학에서 또 제명으로 바뀌었다. 그리고 많은 사람들이 또 함께 제명을 당했다. 우리는 그 명단에 들어 있는 것이 오히려 자랑스러웠다.

욕심과 시험은 끝이 없구나. 갈수록 민감하고 복합적이다. 하나님은 결코 타협하지 아니하신다. 나를 높이거나 나를 드러내고자 하는 것은 결국은 허망한 것이다. 육체는 풀과 같고 육체의 아름다움이나 영광은 풀의 꽃과 같다. 그럼에도 일시적인 육체의 쾌락이나 영광에 잠기기 쉽고 또 잠기면 빠져나오기가 어렵다. 관성의 법칙으로 한번 달리려고 있는 열차가 멈춰도 계속 어느 정도는 흘러간다. 인간의 모순을 누가 알리요. 스스로 원하지 않으면서도 또 그곳에 가는 것이 인간의 모습이다.

어느 여 교수와 예기치 않게 그를 통하여 남자 교수를 함께 내 아내와 만났다. 형제는 우리가 처음 상트페테르부르크에 올 때에 내 아내와 나에게 러시아어를 가르쳐 준 고마운 형제다. 그만큼 러시아어를 잘하는 사람이 쉽지 않을 텐데 지금 게르첸 대학과 경제 대학 두 군데에서 한국어 교수로 일한다고 한다. 조금 아쉬움이 있다면 지금 혼자 살고 있고 어느새 60세가 되어간다. 나하고 10년 차이다. 그를 위하여 기도하고 나서 보니 그의 모습이 뭔가 신비스러웠다. 그의 삶 자체가 기인이다. 그를 잘 돕는 배필을 만났으면 좋겠다. 또 여자 교수는 결혼을 하고 싶어 하는데 아직 짝을 못 찾고 있다.

우리가 구하는 것이 더디 이루어지거나 잘 이루어지지 않으면 낙담하고 힘이 빠진다. 심지어 전능하시고 명철이 한이 없으신 하나님도 내 문제에 관심이 없으리라고 생각한다. 그러나 하나님이 원하면 언제나 가능하다. 다시 무릎을 일으켜 세우고 주의 말씀을 들으며 기도하자. 그는 우리의 뿌리를 고치시기를 원하신다. 보이지 않는 것을 변화시키길 원하신다. 거룩하고 겸하며 사랑하는 삶을 어떻게 살아가야 할까?

회심이 그 사람만의 회심이 아니고 많은 이들에게 실제로 가능한 것일까? 중요한 것은 나 자신의 변화다. 끊임없는 변화다. 내가 아는 것과 믿는 일에 하나가 되는 것이다.

### 조금 차이다

주님은 우리를 사랑하신다. 주님은 우리를 통하여 일하신다. 우리가 만난 주님을 얼마나 믿고 따르고 전적으로 의지하는가? 모든 분야에서 대부분 수고하고 애쓰는 이들이 얼마나 많은가? 그럼에도 훗날 누가 영향력을 미칠지는 아무도 모른다. 조금 차이다. 믿음으로 하나님을 기쁘시게 한다. 믿음이 없이는 하나님을 기쁘시게 할 수 없다. 하나님을 기쁘시게 하면 된다. 우리는 무엇을 구하고 있는가? 무슨 소식을 기다리고 있는가? 지금 있는 자리에서 하나님의 임재를 경험할 수 있고 지금 있는 자리에서 성령 충만을 받을 수 있는데…. 왜냐하면 하나님의 그것을 실제로 원하시기 때문이다. 그러면서도 하나님은 의로우셔서 우리의 의지를 존중히 여기신다. 때로는 스스로 하나님을 찾기까지 기다리신다.

그래서 회심이 소중하다. 하늘과 땅이 만나듯이 하나님과 우리가 만나는 것이다. 이런 일이 어떻게 일어날 수 있을까? 하나님의 시간과 하나님의 뜻과 하나님의 인도하심이 오묘하게 만나는 타이밍이다. 누가 죽어야 우크라이나와 러시아 전쟁이 멈춰질 것이라고 한다. 어떻게 기도해야 되나? 그가 죽어야 된다니…. 그를 사랑하는 사람도 있고 그를 맹종하는 사람도 있는데. 오, 주여! 불쌍히 여겨 주시옵소서. 우리는 자기 자신을 알리고 싶어 한다. 또 숨기고 싶기도 한다. 하나님도 자기를 보여주실 때가 있고 자기를 감추실 때가 있다.

### 내가 기다리고 기다렸더니(시 40편)

우리의 믿음 생활은 주님을 늘 기다리는 것이다. 그리고 기다리는 동안에도 주를 신뢰하고 즐거워하는 것이다. 그런데 내가 원하고 기다리는 어떤 것이 있기에 내가 원하는 때와 그 방법대로 이루어지지 않으면 뭔가 서운해하기 쉽다. 요셉은 억울한 일을 당하여 17세에 가족들을 떠나 낯선 땅에서 혼자 어려운 일을 감당하고 있었다. 그는 하나님을 신뢰했지만 결국 감옥에까지 가게 됐다. 그런데 우리가 알듯이 감옥에서 있는 바람에 그는 애굽의 총리가 됐다. 하나님의 수순과 하나님의 연단을 어찌 알 수 있으리요. 결국 하나님의 수순과 하나님의 섭리가 이루어질 것이다. 오늘도 내게 또 우리에게 필요한 말씀을 주옵소서. 자신도 모르게 선한 일을 했다가도 자기를 나타내는 일에 집착하기가 쉽다. 어떻게 주님을 순수하게 신뢰하고 사랑하고 맡기며 순간을 즐거워할 수 있을까.

아내와 함께 아침에 창세기 요셉 이야기를 읽었다. 유다와 그의 며느리 다말 사이의 죄악의 관계 이야기, 요셉이 형들의 미움을 받아 애굽에 팔려간 이야기이다. 야곱은 요셉이 동물에게 물어뜯겨 죽은 것으로 알고 있었다. 얼마나 오랫동안 그렇게 세월이 지났는가. 요셉은 이스마엘 상인들에게 팔리고 또 팔려서 시위대장 애굽 사람 보디발에 집에서 살게 되었다. 하나님이 형통하게 하셨으나 그는 보디발의 아내의 모함을 받아 결국 감옥에 갇혔다. 하나님이 함께하셨지만 이러한 억울한 일이 생긴 것이다. 하나님은 즉시에 심판하지 않으신다. 그러면서도 하나님의 선하신 뜻이 이루어진다.

> "내가 여호와를 기다리고 기다렸더니 귀를 기울이사 나의 부르짖음을 들으셨도다"(시 40:1).

하나님께 맡겨야 되는 것을 알면서도 그 과정이 쉽지 않다. 성령이여 오시옵소서. 믿음으로 기다리며 기다리는 동안에도 감사하며 주님이 맡기신 일을 하나하나 이행해야 한다. 우리는 본질적인 일을 제쳐놓고 엉뚱한 데 시선이 갈 때가 많다. 그러나 살면서 어떻게 본질적인 일만 할 수 있을까. 일상을 가로지르며 다가오는 주님의 평강과 주님의 손길이 오고 있는 것을 깨달아야겠다. 반복되는 평범한 일상 속에 주님의 손길이 있음을 알아야 된다. 글을 쓰는 것은 어려운 것이다. 더 중요한 것이 있기에 미루다 보면 글 쓴 것 외에는 별로 남는 것이 없다. 그렇다고 글만 쓸 수는 없는 것이다.

## 2. 예수 생명 예수 사랑이 삶과 선교의 핵심이다

**내 영혼아 네가 어찌하여 낙망하는가?**

오늘은 내 영혼이 무엇을 찾는지를 보게 됐다. 진정한 평강을 찾는 것인지 자신의 이루어지지 않는 욕구나 미련을 찾는 것인지. 아니면 빗나간 기대를 위로받으려 하는지, 소위 대리 만족이나 자화자찬이나 자기 위로, 이 모든 것의 실상과 허상을 생각해 본다. 진정으로 내 영혼의 만족함이 어디서부터 오는지 우리는 알고 있다. 자기 자신의 영향력을 넓히고 싶어 하는 것도 있고 또 어느 정도 현실에 타협하려는 마음도 있다. 참으로 우리에게 기도해도 응답이 안 될 때도 있고, 더디 이루어져서 안타까울 때가 많다. 또한 하나님께서 모든 걸 다 보시고 있고, 모든 걸 다 아시고 모든 것을 예비하시는데도 염려할 때가 있다.

에스겔서 36장 37절에 보면 하나님께서 부흥과 회복을 약속했는데 "그럼에도 불구하고 내게 구하여야 할지라" 말씀하셨다. 우리는 하나님께서 다 섭리하시지만 또 우리에게 주신 그 역할과 특권과 책임도 있기 때문에 여러 가지 고민이 생기고 갈등도 있다. 우리 하나님께서 우리에게 기도의 비밀을 말씀하시고, 성령을 선물로 주시며, 특별히 예수님께서도 이사야 61장 말씀대로 '마음이 상한 자를 위로하고 눈먼 자를 보게 하고 눌린 자를 자유케' 하면서 그들의 슬픔이 변화되고 기쁨이 될 때 바로 너희가 하나님의 영광을 위하여 심어진 나무라고 한다. 가끔 우리 영혼의 여러 가지 이유로 낙망이 될 때가 있는데 살아계신 하나님께서 우리에게 기도라는 특별한 무기를 주셨고 선물을 이미 주셨다. 하지만 실제로 하나님의 성령의 인도함을 받지 않고는 우리의 마음이 고난을 이겨 나가는 것은 쉽지 않은 것을 경험한다.

### 알지 못하겠느냐 듣지 못하였느냐

이사야 40장 27-31절의 "땅 끝까지 창조하시는 영원하신 하나님 여호와 피곤하지 않으시며 곤비하지 않으시며 명철이 한이 없으시며"에서 "명철이 한이 없다"는 이 말씀이 마음에 와닿는다. 우리에게는 길이 없는 듯하고 방법이 없고 곤란한 일들이 얼마나 많은가. 그러나 하나님께서는 명철이 끝이 없고 한이 없다. 땅끝까지 창조하신 이는 피곤하지 아니하시며 곤비하지 않으신다. 우크라이나와 러시아 전쟁이 1년 반이 지나가고 있을 때에 어떻게 해결이 될지 모르지만 영원하신 하나님 그에게는 모든 능력이 있으며 명철이 한이 없다.

어느 날 새벽 로스토프에서 거의 5년을 있었던 장석천 목사 부부가 미르선교회 새벽기도회에 왔었다. 그가 짧은 시간에 ppt로 말씀을 준비하여 전했다. 하나님은 우리에게 가까이 계셔서 폭포수 같은 능력과 그분의 임재를 보여주시려고 하지만 우리에게 실제 임하는 것을 보면 조그만 빗방울 정도일 때가 흔하다. 왜 그런가? 하나님과 우리 사이에 가로막는 견고한 진이 있다는 귀한 말씀이다. 고린도후서 10장에 견고한 진을 파는 강력으로 하나님의 말씀이 역사하기를 원한다. 우리 속에는 보이지 않는 뿌리, 어릴 때부터 받은 상처 조상 쪽부터 내려오는 약점 이런 것들, 부정적인 사고와 습관들, 굳어진 가치관들이 견고한 진을 이루게 된다.

"너희가 내 말에 거하면 참으로 내 제자가 되고 진리를 알지니 진리가 너희를 자유롭게 하리라"(요 8:31-32).

주의 말씀에 다스림 받고 그 말씀에 깊이 잠기면서 살면 진정한 자유가 온다. 어릴 때부터 내가 좋아하고 습관에 젖어 있었던 것을 나 자신이 어떻게 버릴 수가 있을까? 주여, 심령의 빛을 비춰 주시옵소서. 치유의 빛과 진리의 빛을 비춰 주사 우리 하나님의 그 전능하신 능력과 선하신 앞에 고백하며 치유를 받고, 온전한 회개와 주님의 치유와 용서를 선포하고 주님께서 예비하신 놀라운 삶을 살게 된다.

내 생각은 너희 생각과 다르며 내 길은 너희들과 다르다고 하셨다. 하늘이 땅보다 높은 것처럼 높은 곳에 계신 주님의 그림이 그려질 것이다. 어제 우리 집 인터넷 사정이 어려워지고 결국 어제 오후서부터 오늘 새벽까지 인터넷이 먹통이다. 몇 번 그런 일을 반복하니 새로운 인터넷 회사로 갈아치우고 싶은 마음이 생긴다. 그러다 갑자기 핸드폰 전화기로도 인터넷을 사용할 수 있다는 생각을 했다. 그때 자유가 온다. 우리를 얽매이기 쉬운 생각들이 있다. '집주인이 집세를 터무니없이 올릴까 봐…짐들이 많은데 이사 가는 게 얼마나 어려울까?'

### 그리스도 안에 있는 생명의 성령의 법

우리가 사는 세상엔 여러 가지 원칙과 규칙들이 있다. 그런데 대부분은 그 규칙을 지키다 보면은 힘들어질 때가 있다. 그리스도께서 새로운 법을 주셨는데 그것은 생명의 법이요 성령의 법이다. 우리가 살고 있는 이 세상의 법을 지키지 말라는 것도 아니고 그것을 뛰어넘으면서 덕을 세우며 살아가는 성령의 인도하심이 있다. 중요한 것은 오늘 내가 우리 주위에 있는 형제들을 사랑하고 주님께 올려 드리는 것이다.

"그리스도 안에 있는 생명의 성령의 법이 죄와 사망의 법에서 너를 해방시켰노라"(롬 8:2).

이제 우리는 주님의 의와 주님의 생각으로 차원을 높여서 현 상황을 내다보아야겠다. 동시에 삶의 현장의 아픔과 불의함을 무시하지도 말아야 한다. 그렇다고 거기에 완전히 빠질 필요는 없다. 에스겔서에 자주 나오는 하나님의 영이 우리를 들어 올려서 이끄는 그 경험이 필요하다. 또한 고린도전서 9장에 사도 바울이 '율법 있는 자에게는 율법 있는 자에게처럼, 율법 없는 자에게는 없는 자에게처럼' 다양한 모습으로 자신을 대처하는 것을 본다. 몇 사람이라도 더 구원하려는 그의 마음… 개인적인 복음의 능력과 사회 정의를 이루고자 하는 것이 어떻게 조화를 이룰까…. 결국 주의 은혜 속에 하나님의 사람의 리더십이 필요하다

미르선교회 금요기도회 인도할 때 문득 지난날 하나님께서 수없이 지켜 주신 것들이 생각났다. 매우 어릴 때 동네에 큰 싸움이 벌어져서 이쪽 동네와 멀리 있는 저쪽 동네 사이에 돌멩이가 날아다녔다. 그때 한쪽에서 지켜보다가 한 돌멩이가 내 왼쪽 눈썹 위에 맞아서 피를 흘린 기억이 난다. 중학교 3학년 때에는 동대문 스케이트장에 의무적으로 스케이트를 타야

하는 수업이 있었는데, 내가 스케이트를 타다가 넘어졌을 때 마침 어떤 사람의 스케이트날이 내 왼쪽 네 번째 손가락을 살짝 스쳐 지나가 나는 피를 흘리고 있을 때 어떤 아저씨가 담뱃재를 그곳에 뿌리고 손가락을 메어주던 기억을 잊을 수 없다. 군에 있을 때 원통에서 휴가를 얻어 서울로 가는 버스를 탔는데 중간에 휴게실에서 차가 멈추었다. 나는 교육 대대에서 하루를 쉬어야 할 일이 있었기에, 그곳에서 하룻밤을 자는데 알고 봤더니 내가 탔던 차가 낭떠러지에서 떨어졌다는 소식을 들었다. 후에 사단장에게 피해가 왔다고 한다.

다음에는 직접 우리 유격대 앰불런스를 타고서 유격 대원들이 미시령, 한계령 같은 곳에 회식하러 가다가 또 산기슭으로 네 바퀴를 굴러 유격대가 문을 닫은 기억이 난다. 그때 또 살아났다. 누구나 다 하나님께서 생명이 허락할 때까지 수많은 일들을 지나왔을 것이다. 한국 정치 현실이나 미국, 러시아, 북한, 중국, 우크라이나와 유럽, 아제르바이잔과 아르메니아의 전쟁, 충동적인 분쟁 등 얼마나 뉴스거리가 많은가. 주님께서 어떤 마음으로 뉴스를 바라보실까.

## 3. 하나님의 카이로스를 기대하며 오늘을 살라

어느 날 1979년 10.26 사건에 대한 새로운 역사적인 조명을 읽게 됐다. 그때 어느 선배가 생각이 났다. 1975년 6월 17일 의정부역에서 강제로 입대하며 같은 열차를 탄 일행 중의 하나다. 열차가 떠나기 직전까지 두 명의 여대생이 열차에 올라와서 이별을 슬퍼했다. 그중 한 여학생이 그 선배의 연인이었다. 어떻게 보면 1980년 광주 항쟁 이전의 학생 운동은 비교적 순수하고 낭만적인 면도 있었던 것 같다. 다음 날 새벽 러시아에서 한 시대에 한 아픔을 같이했던 동지들 중에 아직도 예수를 못 만나고 여전히 어둠의 기억 속에 살아가고 있는 그 영혼들을 생각해 보고 구원해 주시기를 간구했다. 그리고 누군가를 위하여 간결한 문자를 써서 함께 그룹 방에 올렸다.

"권○○ 선배님! 교수님! 엊그제 갑자기 위 기사[13]를 만났네요. 형님에게도 주님의 은총의 빛이 새롭게 임하시길 기원합니다." 바로 답신이 올라왔다. "당당하고 늠름했던 이희재 투사의 모습이 엊그제 같습니다. 다 함께 논산 연병장을 뛰며 '때려잡자 김○○'를 외쳤는데…항상 건강하시고. 언젠가 그

---

13 https://blog.naver.com/flower5353/140166713292. 긴급조치 9호 기간, 학생 운동 연혁.

기백 다시 한번 봅시다."

## 문화의 장벽을 너머

신년 미르선교회 사경회에 가까이 계신 저명한 미국 선교사(Blake Purcell)가 나타났다. 그는 자기 손자, 손녀가 어느새 17명이라고 한다(나는 손자들이 아직 없다, 물론 바울은 가족도 자녀도 없었으니…주의 광대하신 섭리를 찬양케 된다). 그 선교사와는 10여 년 전 오랫동안 가톨릭 교회당에서 서로 홀을 빌려서 예배드렸다. 그러다가 그 교회당을 대대적으로 수리하는 바람에 같이 쫓겨나 그의 자녀와 우리 자녀들이 함께 국제학교(IA, 구 선교사 자녀 학교)에 다니며, 외국 선교사들 기도 성회에 함께 참석하는 등 사연이 많았다. 내가 영어로 이야기를 하면 자기는 거의 러시아어로 대답하여서 관계는 의례적이고 깊지 못하였다.

지난주는 갈랴 전도사가 미국에서 친구가 다녀간 후 코로나 테스트를 해보았는데 양성이 나왔다. 그 바람에 여기서 선교사들을 비롯하여 한국보다 덜하겠으나 엄청 파장이 일어났다. 그는 한 이틀 아프다가 러시아 백신 2차까지 맞은 효과인지 집에서 거의 무증상으로 스스로 격리했다. 어떤 이는 대가족이 다 자기를 원망하기에 그 고통을 울부짖으며 호소했다.

주일날 감사하게도 갈랴 전도사와는 화상으로 미리 예배를 드리고, 교회에 나갔더니 놀랍게 아프다고 오지 못한다는 나타샤 가족이 미리 나왔고 요사이 무척 곤궁에 처했던 동역자도 나왔다. 이리나 전도사는 전날 금식했다고 한다.

사탄은 사망 권세를 이기신 유일하신 예수님만 두려워한다는 이리나 전도사의 (마음과 몸과 삶에서 우러나오는) 설교가 인상적이고 놀랍다. 숱한 주의 종들과 선교사들을 위하여 기도하며 말씀으로 섬기는 사명을 생각해 본다

미르선교회 점심 시간에 문화의 차이를 배운다. 아프리카에서 온 보르크 전도사 왈, "아프리카 시골에는 설탕이 없어서 커피에 소금을 탄다." 그와 40분간 대화를 했다. 그는 두꺼운 조직 신학 책을 읽고 있었다. 수많은 사람들이 머릿속으로만 지식을 갖고 있는데, 하나님께 겸손한 사람, 성령이 붙드시는 사람에게는 머릿속 지식이 아니라 마음으로 주님을 믿는 그 놀라운 지식을 주고 그것을 하나님이 사용하신다. 그의 어려운 회심과 의심의 과정도 사용하신다. 본인이 힘들게 어렵게 주님을 만났기에 여전히 회의하고 세상에 찌든 사람들에게 그가 이야기하면 믿음이 생긴다.

## 과정을 즐거워하라

우리는 바로 응답을 원하나 주님은 과정을 신뢰하며 즐거워하라는 것이다. 주의 방법과 응답의 때는 내 생각과 경험과 다를 때가 너무 많다. 주님께 맡기고 기대하며 즐기는 것이 믿음인데 지금도 잘 안 될 때가 많다. 나 자신이 불명확한 것을 즐기지 못한 것이 문제이다. 주의 방법과 때는 다르다는 것을 깨달으면 주의 평강이 온다. 물론 성령과 말씀으로 충족해갈 때 가능하다.

은퇴 선교사들 중에 매우 귀한 본이 되는 사역을 하는 분들이 있다. 어느 면에서는 나 자신도 하고 싶은 사역이다. 그런데 내가 그의 사역에 계속 동참할 수는 없을 것 같다. 하지만 마음의 상처 치유와 영적 전투는 깊이 명심하여야 할 사역이다. 아마도 각자 부르심과 은사가 다르기에 선교사의 진정한 나눔은 쉽지 않다.

새로운 사역을 시도할 때 과연 그것이 나의 갈망이냐 주의 영광이냐 하는 문제에 종종 걸린다. 구체적으로 주의 영광을 위한다는 것이 무엇인가? 알고 보면 추상적일 때가 종종 있다. 까까야 라즈니쨔?(도대체 무슨 차이가 있느냐?) 하지만 이런 것을 지나치게 분석하면 아무것도 할 수 없게 되지 않을지…. 이 일도 주께 맡기고 주의 영으로 인도함 받아야 한다. 주의 의를 힘입어야 한다. 중심을 보시는 주께서 다 아시고 연단하시고 깨끗게 하시고 인도하시리라.

여호와는 그 믿음의 거장 엘리야에게 너 혼자가 아니고 남겨둔 7000명이 있다고 하는데…그것을 믿고 깨달으며 주의 나라를 위하여 협력하고 겸손히 섬기고 있는가? 알고 깨닫고 그렇게 살아가는 것은 어느 부분은 자신의 심령에 달려있다. 여전히 독선과 편견과 자신의 분노로 아니면 거꾸로 무관심이나 편안함이나 안일함으로 살아가든지…….

"여호와께서 다윗을 모든 대적의 손과 사울의 손에서 구원하신 그 날에 다윗이 이 노래의 말씀으로 여호와께 아뢰어 가로되 여호와는 나의 반석이시요 나의 요새시요 나를 건지시는 자시요"(삼하 22:1-2).

그 모든 원수에서 건져주셨으나 자신의 죄성에서는 이기지를 못했구나.

언젠가 한국에서 주선애 교수님이 사랑하는 그의 제자인

내 아내에게 매우 두꺼운 책 2권을 기어코 보내셨다(사양했음에도). 주의 뜻이 있는 줄로 알고 겸허히 들여다보았다. 그중에 한 권은 유진 피터슨이 지은 『메시지 성경』, 또 한 권은 소천한 지 10년 된 저명한 어느 목사의 평전이다. 가장 영향력이 클 것 같은 65세에 하나님이 불러가신 섭리 등 자신을 돌아보았다. 하나님은 하나님이시다.

미르수양관 지하에 비만 오면 어디서 스며드는지 알 수 없는 물이 흘러들어서 물을 퍼내는 수고로 거의 2년이나 지쳐 있었고 많은 이들이 다 포기한 상태였다. 하지만 많은 분들에게 기도 부탁을 했다. 한편 전부터 홍 목사와 장요셉 선교사와 김도수 선교사 3명이 함께 수리를 시작하면 될 것이라는 단순한 생각이 들었다. 결국 지마 목사 등 6명이 함께 가서 주의 은혜로 희한하게 해결된 것 같다(요셉 선교사는 지하실 바닥의 뚜껑 쇠를 용접기로 녹이고 바닥을 파고 물 빼는 모터를 그곳에 깊이 달았다).

한국을 방문하고 러시아로 돌아올 때였다. 인천공항에서 특별한 수속을 마치고 스카이프 회원의 혜택을 받고 중국 항공의 건강 QR 코드 설명을 듣고 좋은 자리에 앉아 비행기를 탔다. 그런데 비행기 출발이 30분 지연됐다. 조금 걱정이 됐다. 왜냐하면 상하이에서 상트페테르부르크로 갈아타는데 1

시간 45분밖에 시간이 없었기 때문이다. 그런데 또 30분이 지연돼서 출발한 것이다. 한편으로는 같은 비행기인데 늦어도 기다려 주겠지, 그 많은 사람들이 어려운 일을 당할 텐데…그렇게 생각을 했지만 40분 전에 도착했다.

그러나 신속하게 그 많은 짐을 검사하고 세관을 통과, 또 QR 코드 검사소를 지나 달음질했지만 공항 게이트 문이 닫히기 15분 전에 도착했다. 이미 문이 닫혔다. 직원처럼 보이는 사람을 통하여 10번이나 계속 전화를 해도 비행기 안의 담당자는 도와줄 수 없다고 한다. 그러다가 나중에 같은 처지의 탑승자 두 명이 나타났다. 한 명은 아주 공무원 같은 인상에 옷을 입고 왔다가 당황해하고 한 사람은 또 러시아에서 살려고 가는 사람이었다. 우리 넷이 힘을 합쳐 중국말, 영어로 해도 의사소통이 잘 안 됐다. 또 터미널 간 이동해야 하고 어디로 가야 할지도 몰랐다.

예전에 러시아에서 이러한 경우는 경험했지만 그때는 러시아 자체 내에서 일어난 일이기 때문에 모스크바에서 잘 도와주었다. 그런데 이번은 어떻게 누구를 바라봐야 할지도 모르는 가운데 물어물어 중국 동방항공 사무실에 갔다. 다행히 모스크바로 가는 비행기 표로 새로 변경해 준다고 하여서 감사

했는데 다음 날밖에 없었다. 여러 날 기다리면 상트페테르부르크로 직행하는 비행기가 나오겠지만, 호텔 머무는 비용도 분명치 않았고 또 우리 부부는 주일을 지켜야 하기 때문에 네 명이 서로 마음을 합쳐 결국 호텔 숙소에 머물게 됐다. 두 분이 저녁에 우리 부부 방에 찾아와서 케이크를 들고 와서 교제가 잘 됐다.

그런데 우리 부부는 모스크바에서 상트페테르부르크로 가는 비행기 표를 구하기가 어려웠다. 다른 두 명은 각자 그들의 러시아의 친구들과 이야기를 해서 이미 끊었다. 중국의 호텔에서 인터넷은 되지만 카카오톡과 구글, 다음(Daum) 웹사이트가 뜨질 않았다. 결국 그날 밤은 일찍 잠들게 되었고 다음 날 새벽 4시에 눈을 뜨니 이런 말씀이 떠올랐다.

"그의 노여움은 잠깐이요 그의 은총은 평생이로다 저녁에는 울음이 기숙할지라도 아침에는 기쁨이 오리로다"(시 30:5).

말씀의 빛이 나의 심령에 비추이니 성령의 탄식 기도를 드렸다. 줌(Zoom)이라는 웹사이트를 통하여 러시아 항공사 웹사이트로 들어가서 마침내 비행기 표를 구했다. 그때에 하나님의 그 오묘한 손길에 놀라고 감사했다. 한편 동행하게 된 한 형제를 하나님께서 만나게 해주신 생각이 들었다. 그 형제는 어머님이 전도사라 그랬고 지금 한 30살쯤 되는데 6년 전에 어떤 사건(그의 딸 문제 등)으로 오히려 하나님께 나아가지 못하고 신앙생활을 접었다고 들었다. 하나님께서 그에게 빛을 비춰 달라는 마음이 들었다.

"진리의 성령이 오시면 모든 진리 가운데로"(요 16:13).

전쟁과 다양한 소문 등으로 어려운 시대이나 진리의 성령의 인도함을 사모한다.

어느 주일 디베랴교회에서 놀라운 말씀을 들었다. 이리나 목사가 "네 원수를 사랑하라"(마 5:38-48)는 주제로 한 구절씩 쉽게 우리의 삶에 유익이 되도록 전했다. 자신의 원수(핍박자, 경쟁자)를 위하여 1년간 진심으로 기도했더니 친구가 됐다는 간증을 겸하면서 내게 성령의 빛이 임했다. 러시아에서 이런 말씀을 실천하며 누리는 주의 종을 보내주심에 감사할 뿐이다. "선으로 악을 이기라"(롬 12:17-21)는 말씀은 나름대로 가슴에 새기는 편이다. 디베랴교회 예배 후 고려교회(미르선교센타)에서는 출타 중인 선교사 대신에 내가 말씀을 전했다. 요사이 약해진 교회에 성령의 불을 지피는 심정으로 말씀을 전했더니 사랑의 은혜가 가득했다(마침 동역하는 김 선교사와 아내도 지교회 청년들도 참석했다).

하나님이 만물을 다스리시는데 실제 우리와 관련된 삶의 여러 부분에서 주님이 어떻게 다스리시는가? 그것을 머릿속으로는 믿다가도 실제 그것을 깨달으려면 성령의 도우심이 있어야 한다. 성령께서 무엇을 보고 무엇을 듣고 무엇을 생각해야 할지를 인도해 주시지만 우리의 육신은 원래 자기가 좋아하는 것에 관심을 기울이기 쉽다. 언제인가 어느 러시아 목사는 누군가에게 메시지를 받았다고 하며 러시아 지도자의 사망 소식을 내게 보내왔다. 약 50% 이상 맞을 거라고 한다. 우크라이나와 러시아 전쟁이 언제나 멈추려나 생각하던 차에 그의 근황에 큰 관심이 갔다. 정말 그가 죽었을까? 어떻게 되었을까? 러시아의 크렘린에서는 그 사실을 거짓 루머라고 부인하고 있었다.

지나친 호기심과 관심은 우리의 마음에 좋은 영향을 미치지 못한다. 하나님께서 다스리시고 하나님께서 세우신 지도자에게 내 마음에 들건 안 들건 하나님을 경외하는 마음을 주시도록 기도해야겠다. 그리고 후임 지도자도 하나님이 세워주시길 간구한다. 용서함을 받은 베드로가 요한은 어떻게 되겠느냐고 물어볼 때 "너는 나를 따르라"는 주의 음성을 들었다. 어떤 지도자가 세워지든지 간에 하나님은 모든 것을 통치하시고 신비하게 다스릴 것이다.

### 3. 통째로 감사하라

함께 살다 보면 이것은 마음에 들고 이것은 안 들고 이거는 빼고 이것만 택하고 싶다. 그러나 전체를 받아들여야 된다. 지나간 날에 있었던 상실이나 실수나 실패나 뼈 아픈 일도 주님 손 안에서 받아들이고 통째로 감사해야 된다.

갈리나 집사(그는 고인이 된 김재광 목사님 초기 사역 시 통역자 중에 하나로서 사진을 보니 그 얼굴이 생생한데, 나는 20년 동안 그를 못 보았기에 잊어버렸다)가 요사이 우리 이리나 목사한테 침을 맞으러 왔는데, 그 젊은 시절의 얼굴과는 전혀 딴판이다. 안토니나 전도사의 이야기로 그녀는 위를 잘라내서 거의 없고 남편도 잃고 딸도 잃었다고 한다. 그런데 나라에서 준 집을 선물로 받아 이사를 했다. 하나님의 은혜가 너무 크고 감사하여 나도 초대를 했다. 26년 전 우리 막내 종한이가 러시아 병원에서 태어날 때 머리에 무슨 혹이 있어서 퇴원이 안 되고 검사차 입원한 뇌 병원에서 아직도 근무한다고 한다.

  아내와 갈랴 전도사와 함께 택시를 타고 갔다. 가는 동안 신기하게 아내와 갈랴 전도사는 40분이나 러시아 말로 대화를 했다. 무조건 가야 된다는 생각에 날짜를 잡았고 가는 동안에 은혜의 빛이 비쳤다. 차를 타고 가는 동안에 아내는 다미르와 율랴가 요새 약혼을 하고 결혼 준비 중인데, 다미르라는 청년은 고아원 출신이라고 한다. 그리고 고아원에서 자라나서 그곳에서 여호와의 증인으로 신앙생활을 하다가, 최근에 시베리아에서 예수를 만났다고 한다. 그리고 얼마 전부터는 우리 디베랴교회에서 찬양으로 예배를 준비한다. 그의 아내 율랴는 러시아에서 좋은 학교를 졸업했다.

  우크라이나 러시아 전쟁이 아직도 멈추지 않았는데 이웃 나라 이스라엘과 하마스 전쟁이 심각하다. 그곳의 바짐 전도사와 아는 선교사들로부터 어려운 소식을 들었다. 디베랴교회는 많은 이들이 아프고 다소 무리였으나 미르수양관에서 야유 예배 및 나눔의 시간(10/8)을 가졌다(흐린 날이었지만 예기치 않게 많은 이들이 참여해서 감사가 넘쳤다).

  안타깝기는 그날부터 내 승용차의 자동변속기와 클러치 관런 문제가 생겨 수리에 상당한 부담이 됐다. 약 4년 7개월 전 주께서 선물하셔서 그동안 사용한 은혜를 기억케 되었는데 한 주 후에 주의 선하심과 회복케 하심을 맛보았다. 상당히 많은 여러 사역을 담당하는 갈랴 전도사는 단기 선교 중에 갑작스레 연해주에 있는 이복형제 세르게이의 죽음 소식을 접하였다.

### 나의 떠날 기약을 모르나

미르수양관에서는 여름에 고려교회 청소년 수양회를 풍성한 가운데 마쳤다. 디베랴교회 주일 예배와 토요 성경 공부 등 잘 모이고 있다. 이리나 목사는 러시아 남부 지역에 한 주간 침술 선교에 초대받아 다녀왔다.

미르선교회 지마 목사는 자녀가 세 명이고 10년간 러시아에서 세금 등 의무를 잘하여서 나라로부터 집(방 두 칸)을 선물로 받았다. 요셉 선교사 처형 나탈리아 집사는 한국에서 방문한 어느 집사(요셉 선교사 30년 친구)와 결혼 신고를 러시아에서 마쳤고, 곧 한국에서도 결혼 예식을 올린다.

갈랴 전도사는 한 주간 캅카스 지역의 무슬림들을 전도하는 단기 선교 여정을 주관하며 사역의 지경이 넓어지고 있다.

"우리는 심고, 물을 주나 자라게 하시는 이는 하나님이니라"(고전 3:6-9 참조).

오랜만에 이골 목사가 미르신학교 야간 강의를 시작했다. 그의 모습이 푸틴의 정적 나발니와 흡사하다고 이야기를 건넸더니, 여러 해 전에는 자기 보고 푸틴 닮았다고 사람들이 이야기했다고 한다. 매주일 거의 자동차로 4-5시간 운전하면서 멀리 있는 두 교회도 섬긴다고 한다. 감옥에서 회심한 큰 인물이다. 한국의 아신대 구약 박사 출신인 송이골(송인태) 목사는 토요일 온라인 강의를 개설하였다. 모처럼 블라지슬라브 목사, 박나타샤 부부는 미르 사역자들을 자신의 집으로 초대하여 감사 예배를 드렸다(타쉬켄트 부은행장 출신). 그의 변화와 사역도 극적이지만 미르선교회 여러 선교사들과 안토니나 전도사의 사랑과 수고가 담겨 있다.

신학교 동기생이요 비교적 가깝고 내가 좋아하는 목사가 갑자기 하나님의 부름을 받아 오늘 세상을 떠났다. 2019년 포항에서 교단 총회가 있을 때 동기들과 함께 만난 기억이 난다. 어느 날 전화가 왔다. 자신이 좋아하는 어느 은퇴 목사의 안타까운 행동을 보고 더 이상 그를 기억하지 않기로 한다는 내용이다. 그 후 그가 섬기는 교회에서 선교 세미나 등을 하기로 했었는데, 팬데믹의 여러 사정으로 취소가 됐다. 그런데 어제 그 목사가 별세한 것이다. 췌장암이라고 한다. 한두 달간 많은 분들이 그의 회복을 위하여 기도하였고 이번 주간 토요일에는 그의 딸이 결혼식을 올리게 되어 있었다.

한편 몇 달 전에는 고등학교 동기 동창이요 당시 여당의 사무총장이었으며, 대통령 후보자 대변인도 지낸 국회의원이 별세를 했다. 학창 시절에는 고교 학생회장 후보와 서클 활동 등으로 경쟁 관계에 있었다. 최근에야 그도 대학 시절에 제적을 당한 사실을 알게 되어서 동지 의식도 생겨났다. 실로 가까운 많은 분들이 세상을 떠났다. 우리 아들도 빨리 결혼했으면 좋겠다는 마음이 든다. 우리 막내 둘째도 주의 은혜로 신속히 사랑의 교제가 회복되기를 원한다. 미르선교회 내에 어느 교회의 집사들과 몇몇이 미르수양관에서 2박 3일로 금식 집회를 한다고 한다. 금요일 미르선교회 기도회 마치고 나보고도 올라왔으면 한다. 갑자기 밤중에 누가 나와 함께 갈꼬….

우리가 다 내일 일을 알 수가 없고 우리 생명이 이 땅에 언제까지인지 알 수가 없다. 그럼에도 사는 동안에는 하나님의 도우심을 구하며 믿음으로 담대히 살아야 되겠다.

"천 명이 네 왼쪽에서 만 명이 네 오른쪽에서 엎드러지나 이 재앙이 네게 가까이 하지 못하리로다"(시 91:7).

가끔 '거룩과 겸손과 사랑' 이 세 가지를 어떻게 이루며 살까 고민한다. 불가능한 일이다. 그러나 예수님의 십자가 속에 거룩과 겸손과 사랑이 다 포함되어 있다. 십자가가 바로 하나님의 사랑이요 우리의 죄를 담당하신 겸손이요 십자가로 거룩하게 된다. 예수님의 십자가를 바라볼 때 성령이 오신다. 어떤 복잡한 형식을 떠나서 우리가 알고 있는 찬송가를 부르고 또 말씀을 떠올리며 주의 보좌 앞에 나아가면 된다. 하나님 아버지 앞에 믿음으로 나아가는 것이다. 여러 가지 많은 기도 제목이 있다 할지라도 주님의 임재를 맛보면 한순간에 다 주께 드려지는 것이다. 오늘 가까운 어느 선교사가 미르선교회 선교사들 점심을 대접한다. 6년간 영업을 하던 어느 권사님이 운영하던 식당이 이제 문을 닫는다고 한다. 안타깝고 아쉽다. 새로운 길을 열어주옵소서. 갑자기 나보고 기도를 하라고 한다. 주여 치유와 생명의 빛을 비추소서.

**Epilogue**

# 은퇴 대신 주님께서 날개를
# 달아 주시다!

원고 초안의 교정과 감수를 영락 청년 시절부터 신앙생활을 함께 해온 정치학 박사 박호성 교수에게 부탁을 하였다. 어느 추천자로부터는 간결한 답신이 왔다.

"지금 목회 외에 할 일이 산더미 같이 쌓여(매주 월요일 강의, 독일어 책 번역, 논문 2편 써야 하고 일본 동경 집회 설교 등) 힘든 상황인데요. 언제까지 추천사 써야 할지요?"(장승익 목사)

신실한 전문가의 삶의 치열한 한편을 상상할 수 있는 문장이다. 이어서 감수자는 다음과 같은 글을 내게 보내왔다.

"영성은 어느덧 종교적 울타리를 넘어서고 있습니다. 몸(肉)과 혼(魂)과 영(靈), 즉 바디(Body), 소울(Soul), 스피릿(Spirit) 그 모두를 하나로 통합해 사랑과 감사로 일상에 몰입하는 것이 '영성'(靈

性, Spirituality)입니다. 인간 정신의 잠재력을 최대한으로 넓힐 수 있고 자기 인생의 의미와 가치도 달라집니다. 인간 혁명, 정신 혁명입니다"("고도원의 아침 편지" 2023.9.22.)

고도원 작가는 1975년 6월에 함께 군에 강제로 입대하고, 함께 훈련소에서 구호를 외친 사이다. 그 후에 서로 한 번도 만나거나 연락을 개인적으로 주고받은 적이 없다. 참으로 신기하다.

기독교 영성은 예수의 생명과 예수 사랑이 핵심이다. 우리의 먹고 마시고 자고 깨고 보고 듣고 말하고 쉬며, 사람들과 어울리는 일상의 단순한 삶 속에서 흘러나온다. 나 자신부터 주님의 자유를 누려야 하는데 어떨 때는 특히 허무한 일에 무너질 때 한없는 탄식이 나온다. 세계적인 바둑 기사나 스포츠 선수들이 매우 쉬운 실수를 결정적인 순간에 저지르는 모습을 보면서 남의 일 같지 않다고 느낀다. 반면 성경의 위대한 인물이나 종교 지도자들을 포함하여 그들의 실수와 죄악을 들으며 속으로는 위로를 받을 때도 많다.

"하나님의 뜻대로 하는 근심은 후회할 것이 없는 구원에 이르게 하는 회개를 이루는 것이요 세상 근심은 사망을 이루는 것이니라"(고후 7:10).

항상 기뻐하라 하지만 하나님 뜻대로 하는 근심은 유익하다.

전반적으로 균형적인 시각이 필요하다. 보편적인 믿음 즉 사도신경에 기록된 것을 바탕으로 자신의 독특한 은사를 사용하여야 한다. 갈수록 말씀이 새롭게 깨달아지고 그 말씀대로 살며 거룩한 사랑의 삶을 살기를 갈망한다. 주의 빛은 치유의 빛이요 생명의 빛이다.

하지만 '왜 나에게는 이러한 치유가 일어나지 않을까…이렇게 해서 실제로 이루어질까?' 이러한 내면의 회의 과정은 대부분 겪게 마련이다. 우리의 근본 문제는 (실패할까 봐, 소외될까 봐, 영향력을 잃을까 봐 등) 다양한 두려움이다.

한국에서 아내가 갑상선 결절이 조금 있다는 진단이 나왔다. 목을 만지며 가끔 힘들어하는 모습을 본다. 한국의 저명한 한의원으로부터 침을 몇 번 맞고 러시아로 귀국하는 것을 연기하라는 소리를 들었지만 예정대로 돌아왔다. 여기 있는 이리나 목사로부터 침을 10번을 더 맞아야 된다고 들었다. 주의 성령의 기름 부음으로 성령이 오시면 나음을 입을 것 같은데, 우리는 흔들리기 쉽다. 우리의 생각에서 은밀하고 치열한 전투가 시작된다. 악한 생각을 버리는 것도 중요하나 성령의 생각 훈련으로 대체하는 것이 더욱 실제적이다.

한편 오래전에 정연희 작가가 쓴 『나의 잔이 넘치나이다』에서 읽은 기억이 난다.

> "의인은 화액 전에 취하여 감을 입은 것인 줄로 깨닫는 자가 없도다 그는 평안에 들어갔나니 무릇 정로로 행하는 자는 자기들의 침상에서 편히 쉬느니라"(사 57:1-2).

이 땅에 예기치 아니하는 사건과 전쟁과 질병 등으로 많은 이들이 세상을 떠난다. 그럼에도 이 말씀은 어느 정도 위로가 된다. 하나님은 이미 그 사람이 고통당하여 그 영혼이 떠나기 전에 그 영혼을 이미 안전하게 품으셨다는 말씀이다. 현실에서 사랑하는 이를 떠나 보내는 가족들의 아픔과 안타까움은 무엇으로 표현될 수 없지만 영원하신 하나님은 이미 아들을 이 땅에 주시기까지 우리를 사랑했기 때문에 그분은 우리가 이해할 수 없는 섭리 속에서 이 말씀으로 우리를 위로한다.

그리스도를 믿고 나면 세상에서의 교제가 끝나고 이제 좁아지는 줄 알았는데 지나고 나서 보니 훨씬 넓고 깊은 세계가 열리고 있다. 그리스도의 사랑 곧 그 넓이와 깊이와 높이와 길이 이것을 어찌 다 측량할 수 있으랴. 어느새 수십 개 그룹 카톡방도 있고 또 SNS가 이루어지고 있고 실제로 관심을 기울여야 할 사람들도 얼마나 많은가. 허나 하나님의 전략은 거룩과 화평인 것 같다. 우리는 이것만 해결되면 좋을 거 같은데, 하나님의 원대한 생각은 그 일을 통해서 우리 자신에게 하나님의 거룩과 화평을 이루려고 한다.

"이 세상도 그 정욕도 지나가되 오직 하나님의 뜻을 행하는 이는 영원히 거하느니라"(요일 2:17).

예수를 믿고 난 후에도 가까이에 못 말리는 이들이 많이 있을 것이다. 귀한 메시지들을 이미 들었을 터인데 여전히 그 모습 그대로인 것 같다. 어떻게 삶이 변화되는 메시지를 전할까? 이것이 늘 과제이다. 그런데 나 자신도 어느 부분은 잘 변화되지 않으며 어떤 때에는 깊이 나락으로 젖어 들 때도 있다. 예수님의 제자들도 예수님과 같이 있으며 기적도 보고 말씀도 들었으나 그들도 안 변한 것 같다. 오직 예수의 십자가와 부활, 성령의 강림 이후에야 다들 변했다. 살아계신 하나님은 명철이 한이 없으시다. 예수께서 이미 모든 것을 다 지불하셨다.

성령의 기름 부으심이 얼마나 소중한가. 우리 안에 있는 성령의 기름 부음이 모든 것을 우리에게 가르치며 참되고 거짓이 없으니 너희를 가르치신 그대로 주 안에 거하라. 우리 안에 있는 성령의 인도함을 계속 받으라는 말씀이다. 사실 하나님의 성령의 역사를 우리가 온전히 알기는 어렵다. 왜냐하면 하나님의 주권에 속해 있고, 하나님의 방법과 하나님의 시간은 그분에게 달려 있기 때문이다. 다만 경험상으로 한계 속에 나눌 수 있을 뿐이다.

사실 성령의 기름 부음이 위로부터도 오고 또 우리 안에도 있다. 그 위로부터 오실 때에는 많은 장벽과 관심들을 넘어갈 수 있다. 날마다 반복해야 할 것이 있는데 그것은 살아 계신 예수님을 사모하고 또 성령으로 만나고 전하고 나누는 것이다. 누구나 다 한계가 있지만 그럼에도 주님은 이것을 기뻐하신다.

하나님께서 우리 민족을 불쌍히 여기사 수많은 선교사들을 통하여 복음을 전하게 하셨고 주의 종들을 부르시고 세우셨다. 하나님은 놀랍고 위대하시다. 그럼에도 때로는 뛰어난 종의 기도를 외면한다. 그 누구도 그냥 넘어가지 않는다. 죄의 값으로 당하는 그 고통과 부끄러움은 그대로 노출되기도 한다.

"그런즉 선 줄로 생각하는 자는 넘어질까 조심하라"(고전 10:12).

다른 사람의 죄나 약점에 대해서 판단하거나 정죄하는 것이 나를 넘어지게 하는 것이라는 사실을 깨닫는다.

상트페테르부르크에서 배 타고 멀리 가면 발람섬이라는 곳이 나온다. 수도사들이 전쟁 시에 그곳에서 오랜 시간을 세상과 단절하고 지냈다는 이야기도 있다. 그곳에 우리 선교사들과 함께 간 적이 있는데 그 안의 박물관에 가 보았더니 바로 이 마태복음 11장 말씀에 맞는 이콘(성상화)이 그려져 있다. 그 예수님의 눈이 인상적이다. 우리의 모든 수고하고 무거운 짐, 죄악의 짐 다 주께로 내려놓으라는 그 음성과 인자한 모습에 믿음이 더욱 생긴다. 정교회도 귀하다. 우리는 듣는 믿음을 강조하나 러시아인들에게는 보는 믿음도 귀하다. 보면서 그 속에 너머에 있는 실재를 느끼며 믿는 것이다.

우리 주님은 우리 자신이 각자 주님과 깊이 만나고 가까이 오길 원한다. 내가 주님을 찾기를 원하면 주님은 이미 가까이 계시는데 가까이 다가가지 않는 것은 나의 문제이다. 이제라도 새로운 부흥을 사모하고 앞으로 10년 이상을 사용받기를 원한다. 거룩한 사랑의 불로 말씀의 검으로, 예수의 보혈로 역사하고 주의 치료하는 광선이 임하시고 주님의 원대한 몸을 이루어 가며 다시금 애통하며 주께로 돌아오는 역사들을 사모한다. 하늘도 울고 땅도 우는 그 아픔을 주께 토로하며…믿음을 선포하고 믿음의 동역자들을 귀히 여기고 함께 기름 부음을 사모하고 주의 이름을 영화롭게 하며 하나님과의 서원한 약속도 기억하며…….

우리가 연약할수록 주는 더욱 영광을 받으신다. 리처드 포스터가 지은 『영성 고전』에 나오는 믿음의 인물들이 한결같이 자신의 죄성 때문에 고민을 한다. 그러면서 마침내 하나님의 은총을 입고 날아간다.

아무쪼록 날마다 성령의 날개로 그분이 원하는 놀라운 삶을 사랑의 시간으로 역사하시는 그분과 함께 누리며 전하며 살기를 기원한다.

# 부록

### 1. 장남 이종은 교수의 특별 기고문

러시아 이희재 선교사님은 제 부친입니다. 1994년 겨울, 러시아로 저희 가족이 선교 파송을 받은 이후, 29년간 상트페테르부르크에서 선교 사역을 하셨습니다.

많은 사역자들이 30배, 60배, 100배의 열매를 기대하면서 사역을 시작하겠지만, 선교 현장에서는 하나의 열매를 이루기 위해서도 많은 수고와 기도를 필요로 합니다. 소련 붕괴 이후 수많은 정치적, 경제적, 사회적 격변을 겪고 있는 러시아에서 이희재 선교사님의 선교 사역은 여러 도전과 시련들을 직면했습니다. 그 가운데서 이희재 선교사님이 29년간 충실히 사역에 전념한 비결은 무엇일까요?

요한복음 12장 24절 말씀이 떠오릅니다.

"내가 진실로 너희에게 이르노니 한 알의 밀이 땅에 떨어져 죽지 아니하면 한 알 그대로 있고 죽으면 많은 열매를 맺느니라."

많은 것을 포기하고 희생해야 하는 선교사의 삶을 사신 이희재 선교사님은 "예수 사랑, 예수 생명" 사역을 온전히 감당하기 위해 일평생 갈망하고, 기도하고, 구하셨습니다.

가족의 입장에서는 힘든 사역의 여정이었지만, 하나님께서는 그 헌신을 통해서 저희 아버지를 수많은 사역으로 부르셨습니다(디베라교회, 미르선교회, CIS 선교 대회, KWMC 등등). 초심을 잃지 않고, 오히려 더욱 주님께 의지하는 자유로움 속에서 사역에 임하시는 아버님을 보시면서 또 다른 성경 구절이 떠오릅니다.

"내가 네 사업과 사랑과 믿음과 섬김과 인내를 아노니 네 나중 행위가 처음 것보다 많도다"(계 2:19).

이희재 선교사님의 신작 『영성 나래』는, 이전 저서들인 『영성 시대』, 『영성 미션』에 이어서 지난 선교 사역에 대한 이야기를 나눕니다. 나아가서 그분의 절대 주권에 보다 더 순종하고 의지하는 사역에 대한 소망을 나눕니다. 하나님이 한 선교사를 29년간 어떻게 연단하고 사용하셨는지, 하나님의 시간 카이로스를 기대하면서 지금도 선교 사역에 임하는지에 대해서 읽고, 이 저서를 통해 도전들과 시험들 앞에서 날아오르는 은혜를 함께 경험하기를 추천드립니다.

마지막으로, 본인의 위대한 사역을 위해서가 아니고, 하나님의 선교 사역 동참을 위해 꾸준히 순종과 낮아짐을 소망하는 이희재 선교사님께 아들로서, 그리고 국제관계학 박사로서 존경심을 표합니다.

## 2. 상트페테르부르크에서 '영성 미션'

샬롬! 살아 계신 주님을 만나면 어제나 오늘이나 내일이 동시에 열릴 때가 있습니다. 하나님의 강권하심으로 약 29년 전 파송을 받았는데, 그 당시 파송한 교회 선임 장로가 며칠 전 별세하였습니다. 저는 1975년 갑자기 군에 입대 후 1980년에 복학하는 바람에 동기들의 대부분이 4-5년 후배들입니다. 당시 영락교회 청년들, 권사님들과 함께 새하늘선교회를 시작하면서 지금도 모임을 가지니 놀랍기만 합니다. 그리고 1980년 7월 17일에 경험한 '사도행전'적인 회심을 잊을 수가 없습니다.

이후로는 주께서 더욱 광활한 곳으로 인도하고 계십니다. 한창 사역할 때 약 7-8년간 주 후원교회가 없던 시절도 있었습니다. 그런데 아쉬우면서도 감사하기는 몇 년 전부터 주의 긍휼을 통해 모교회인 영락교회와 사랑의 선교 동역이 시작되었습니다. 또한 어느 한식당에서 호박죽으로 유학생들과 선교사들을 대접하는 날이었습니다. 그때 우리 '미르선교회' 선교사들도 참석하여 한인회 활동을 했던 몇몇 분들을 만나기도 하였습니다. 그런데 여기 노회의 티무르 목사의 안부를 대신 전하는 중에 이곳 근교의 '푸시킨' 마을에서 사역을 하던 어느 선교사도 약 6개월 전에 별세했다고 그의 딸에게서 소식을 듣기도 하였습니다.

가끔 고전을 읽다 보면 혼탁한 이 시대에도 귀한 도전과 깨달음이 옵니다. '기독교는 쉬울까? 어려울까?' 양심은 따르면 따를수록 더 많은 것을 요구할 것이나 기독교의 방식은 더 어려우면서도 더 쉽습니다. "너의 자연적 자아 전부를 (네가 악하다고 생각하는 욕망이나 죄 없는 욕망을 가리지 말고) 내게 넘겨다오 그러면 그 대신 새로운 자아를 주마"라고 말씀하십니다. 주님께는 절충안이 아닌 우리 보고 '온전하라'고 말씀하십니다. 마치 알은 부화하든지 썩든지 둘 중에 하나가 될 수밖에 없고, "교회는 오직 사람들을 그리스도께 이끌어 작은 그리스도로 만들기 위해 존재한다"(C.S. 루이스, 『순전한 기독교』)와 마찬가지로 선교는 한마디로 예수 생명, 예수 사랑을 전하고 나누는 것입니다. 예수님의 생명을 받은 사람만이 이 일을 할 수가 있고 또 받은 이들은 저절로 선교에 동참하게 되는 이것이 선교의 핵심입니다.

강원도 황지 하사미리 마을에서 약 40여 년을 사역한 예수원의 대천덕 신부의 삶과 메시지는 지금도 수많은 이들을 주께로 이끕니다. 그는 책을 쓸 시간이 없었기에 그가 강의한 내용들을 그곳 공동체의 형제자매들이 풀어서 책으로 나오게 되었습니다. 대천덕 신부가 전하는 핵심은 자신의 삶을 드려 산 제물이 되는 영광을 말씀하는데 감동이었습니다. 세계 곳곳에서 복음 전하는 분들의 이야기, 그 현장에서 주님이 하신 일들을 누군가가 써준다면 차이는 있겠으나 은혜는 비슷할 것입니다.

저는 「월간 한국인 선교사」 잡지에 두 번 글을 올린 것 같은데, 이번에는 전자 앱으로 열 번에 걸친 나눔의 기회에 감사드립니다. 하나님의 그 깊고 놀라운 손길을 어찌 알 수 있을까요?(롬 11:33 참조)

"나는 사람에게서 영광을 취하지 아니하노라"(요 5:41).

어느 날 아침에 송이골 목사와 게오르기 목사 그리고 갈랴 전도사와 '미르신학교'에 관한 논의를 하다가 내년부터는 목회 훈련 과정은 수강료를 받기로 했습니다. 전에 왕성하던 미르신학교는 여러 해 전부터 주간이 야간으로 변경되었지만 명맥을 유지 중입니다. 저는 신학교 사명은 아닌 것 같으나 러시아에 뿌리를 내리는 '미르신학교'가 되었으면 하며 안타까워할 때가 있습니다.

최근 5년간 러시아는 팬데믹과 전쟁으로 인하여 많은 젊은 이들이 중앙아시아로 또는 한국 등 여러 지역으로 피난을 갔음에도 '디베랴교회'는 생동하고 있습니다(이리나 목사, 장요셉 선교사 가족, 갈랴 전도사 등). 어느 추운 날, '미르선교회' 금요 중보기도회에 우리 '디베랴교회' 성도들이 많이 참석하였는데, 주께서 기뻐하시는 것 같았습니다. 또한 미르고려교회 22주년에 "하늘나라 잔치에는 죄인 하나가 회개할 때 놀랍게 축제가 일어난다"는 축사를 하였습니다.

그동안 많이 약해진 고려인 교회 중앙 예배이나 지마 목사가 섬기는 동쪽 지교회가 많이들 참석하여 분위기가 살았고(북쪽 지교회는 몇 년 전에 독립함), 풍성한 식사 이후 젊은이들이 남아서 성경과 찬송으로 퀴즈대회를 하는데 참 보기가 좋았으며, 신앙생활에 도움이 되었고, 제게도 재미있었습니다. 이 행사에는 전쟁을 피하여 도망갔던 리자와 마르크 부부가 돌아와서 큰 역할을 했습니다.

성탄과 새해를 기다리는 절기입니다. 이 땅에 오신 하나님의 아들 예수 그리스도를 다시금 묵상하는 날들 가운데 하나하나 기도하며 기다렸던 일들이 지나갔지만, 아직도 하나님의 도우심과 구속하심을 기다리는 간절한 일들이 있습니다.

이곳에서 28년간 동역한 어느 선교사 부부가 자녀 문제와 낙심되는 사연 등으로 송별식을 하게 되었습니다. 어느 주일에는 그를 디베랴교회에 초청하여 말씀 들을 때가 있었는데 듣기 어려운 간증도 나누었습니다. 한편 노회에서는 약 20여 년을 섬겨온 어느 선교사와 현지 목사와의 영적인 갈등으로 어려움을 겪었습니다. 그러던 중 초청 강사와 관련된 문제로 위험한 상태였는데, 여러 고비를 거쳐 다시 원만히 흘러가게 되었습니다.

한 달 전, 미르한인교회 출신의 어느 권사님이 제 아내에게 고춧가루를 보낸다고 연락이 왔고, 몇 손을 거쳐 인편으로 받게 되었습니다. 미르한인교회 사모님과 집사님들이 마음이 모여져 미르선교회와 동역하는 선교사와 고려인 목사들을 위하여 김장하는 은혜가 있었는데(배추는 미르선교회가 구입함), 그 과정에서 누군가는 소외되기 쉬운 갈등의 조짐이 보이기도 하였습니다.

요사이 많은 이들이 아프고, 어려운 기도 제목도 많이 있습니다. 제 아내도 왼쪽 갑상선 항진증인지 무슨 결절로 인하여 목이 불편한데 어느 날 다른 오른쪽도 아프다고 합니다. 살아계신 주님이 만져 주시면 단번에 낫겠는데 그게 쉽지 않았습니다. 감사하게도 이리나 목사로부터 15차례 정도 침을 맞았는데 지금은 많이 좋아져 통증이 잠잠하다고 합니다.

또한 지금 세계는 전쟁으로 큰 어려움을 겪고 있습니다. 러시아와의 전쟁으로 우크라이나는 잃어버린 영토가 20%가 넘었는데 이대로 휴전할 수 있을지···. 그중에 북한은 러시아에 100만 발의 포탄을 지원하고 있는데 어떻게 휴전이 되거나 종전이 될지 모르는 위태한 상황 속에 최근에 이스라엘과 팔레스타인의 전쟁 등 여러 나라가 전쟁의 소용돌이 속에 얽혀 있습니다. 이럴수록 주의 종들 간이라도 또한 주의 종을 위하여 비판보다는 마음을 주께 올리는 일이 얼마나 소중한지 모르겠습니다. 이미 영원한 생명을 주신 주님 안에서 하나님을 신뢰하면서 나 자신부터 온전히 산 제사를 드리기를 기원합니다. 아무쪼록 주의 빛과 성령으로 충족해 가는 새해를 다시금 기원합니다.

활동 사진

▲ 고려교회 22주년 감사 예배

▲ 디베랴교회 성탄절(2023.12.24)

▲ 디베랴교회(미르수양관.2023.10.8)

▲ 디베랴교회(미르수양관) 입당 예배1

▲ 디베랴교회(미르수양관) 입당 예배2

▲ 미르선교회 창립 20주년

▲ 미르신학교 졸업식(19회. 2022.5.28)

▲ 미르 한인교회(로렌 커닝햄 초대)

▲ 미르고려교회 20주년 예배

▲ 미르선교회 성탄 연합 예배(2008.12.25, 루터란교회 예배당을 빌려서)

▲ 미르수양관 헌당 예배(3)축소

▲ 성탄 연합 예배(2023.12.24)

▲ 세례식(디베랴교회, 미르수양관에서)

▲ 속죄소와 엘림(성화)

▲ PCK 선교사 대회및 총회(2021.7.8영락교회)

▲ CIS선교 대회 선교사들 부르짖다

▲ 아들 이종한 국제기독학교 졸업식

▲ 아들 이종은 졸업(박사 학위) 1

▲ 아들 이종은 졸업(박사 학위) 2